KB089951

행복한 노후를 위한

노인의 性성

노인의 성

초판 1쇄 인쇄일 2021년 9월 13일
초판 1쇄 발행일 2021년 9월 20일

지은이 권신란
펴낸이 양옥매
디자인 임홍순 송다희

펴낸곳 도서출판 책과나무
출판등록 제2012-000376
주소 서울특별시 마포구 방울내로 79 이노빌딩 302호
대표전화 02.372.1537 **팩스** 02.372.1538
이메일 booknamu2007@naver.com
홈페이지 www.booknamu.com
ISBN 979-11-6752-023-4 (03330)

행복한 노후를 위한

노인의 性성

| 권신란 지음 |

책과나무

우리나라는 현재 전 세계에서 가장 빠르게 고령화가 진행되고 있는 나라이다. 이제 65세 이상이 인구 4명 중 1명을 차지할 날이 멀지 않았다. 그럼에도 불구하고 대부분이 모른 체하거나 관심을 갖지 않고 있는 것이 있다. 바로 노인 성(性) 문제이다. 노인 성 문제에 대해서는 아직까지도 다들 말하기를 불편해하지만, 이미 사회는 노인 성 문제로 상당히 심각한 상태에 이르렀다. 방치할 경우 사회 전체에 피해나 후유증이 큰데도 말이다.

한 통계에 따르면 남성 노인의 90%, 여성 노인의 30% 이상이 성기능을 유지하고 있다고 한다. 정상적 성생활이 가능하다는 뜻이다. 하지만 우리 사회의 뿌리 깊은 유교적 관념과 성 역할 차별은 노인들에게는 성적 욕구가 없거나 민감성이 없는 것처럼 인식하게 하고 있다. 선진국의 경우 장애인이나 노인의 성 문제에 국가나 지자체가 나설 정도로 적극적이지만, 우리나라는 정부나 시민 모두 무관심하다. 아니, 오히려 냉담하기까지 하다.

미국의 뉴만다 니콜스의 보고서는 노인들의 성생활 실태를 이해하는 데 매우 유용한 연구 자료다. 이 연구에서는 60세에서 93세까지의 고령자 남녀 250명을 일일이 만나 조사했다. 평균 연령은 70세였다. 남편과 아내가 공존해 있는 경우와 그렇지 못한 경우를 비교해 보았다. 공존해 있는 부부는 54%가 성적인 접촉을 하고 있었으며 서로 이별하여 독신 생활을 하고 있는 사람은 7%만이 성적 관계를 갖고 있었다.

노인이 성생활을 그만두는 까닭은 실제로 육체적으로 노화된 탓이라기보다 잘 안되면 어쩌나 싶은 불안감이 원인이기도 하다. 이에 자위행위를 활용하도록 권장하는 전문가도 등장하고 있다. 노인의 성은 비단 성교에 집중되는 것만은 아니다. 이 책에서 노인의 성에 영향을 주는 현실적 문제를 함께 해결하고 이해하는 데 도움이 되길 바란다.

– 2021년 9월

권신란

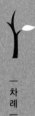

9부 꼭 알아야 할 성 지식

1부

노인의 현실과
신체의 변화

❶ 노인의 정의

노인이란 '나이가 들어 늙은 사람'이라는 뜻이다. 일상적으로 흔히 사용되고 있는 용어지만 그 개념을 명확하게 정의하기가 쉽지 않다.

노인(老人)은 사전적으로 육체적으로 늙어 간다는 의미를 가지고 있다. '老'는 '땅 위에 지팡이를 짚고 다니는 늙은 사람'을 형상화한 것이다. 노인은 글자처럼 육체적인 노화와 함께 사회적·정서적으로도 큰 변화를 겪는다. 사회적으로는 환경에 대한 적응 능력이 떨어지고, 경제 활동도 현저히 줄어든다. 정서적으로는 불안과 우울, 그리고 슬픔을 자주 느끼게 된다.

1951년에 미국에서 개최된 제2회 국제노년학회의에서 노인에 대해 내린 정의를 보면 '인간의 노화 과정에서 나타나는 생리적·심리적·환경적 변화 및 행동의 변화가 복합적으로 상호 작용하는 과정에 있는 사람'이라고 하였다. 아울러 다른 측면에서 자체 조직에 결손을 가진 사람, 통합 능력이 감퇴되어 가는 시기에 있는 사람, 생활체 기관이나 조직, 기능의 쇠퇴 현상이 일어나는 시기에 있는 사람, 적응성에서 정신적으로 결손되어 가는 사람, 조직 및 기능 저장의 소모로 인해 적응 감퇴 현상이 있는 사람이라고 하였다.

[1] 노인의 구분

서양에서는 노인을 늙은 사람(Older Person), 나이 든 사람(the Aged), 연장자(the Elderly) 등으로 부르는 대신 '원로시민(Senior Citizen)', '황금 연령층(Golden Age)' 등으로 높여서 부른다. 프랑스에서는 '제3세대층', 스위스에서는 '빨간 스웨터', 유럽에서는 50세 전후부터 75세까지의 생애 관점에서 새로운 중년기라는 의미로 '서드 에이지(Third Age)'라고도 부른다.

또한 중국에서는 50대를 숙년(熟年), 60대를 장년(長年), 70대 이상을 존년(尊年)이라고 부르기도 한다. 가까운 일본에서는 노인에게 흰 머리카락이 많은 것을 비유하여 '실버'라는 말을 사용하여 우리나라에도 큰 영향을 주었다. 다르게는 '노년'으로 부르기도 하며, 노령 인구의 사회적 공헌에 대한 감사를 내포한 '고년자(高年者)'라는 단어를 사용하고 있기도 하다.

미국 시카고 대학의 심리학 교수인 버니스 뉴가튼(Bernice Neugarten)은 노인 세대를 나이에 따라 나누어 55세 정년을 기점으로 65세까지를 연소 노인(Young old), 65세부터 75세까지를 중고령 노인(Middle old), 85세 이상을 올디스트(Oldest)로 구분하였다. 75세까지를 '젊은 늙은이'라고 부르면서 노인이라고 볼 수 없다는 견해를 폈다.

<표 1-1> 노인 구분

구분	나이	특징
연소 노인 (Young old)	55~65세	직업적·사회적 성취가 최고 수준
중고령 노인 (Middle old)	65~75세	대부분 퇴직한 상태지만 대부분 심각한 노화 상태는 아님
올디스트 (Oldest)	85세 이상	신체적 노화가 진전되어 병약하고 의존 상태임

[2] 노인에 대한 용어

우리나라 노인복지법에서는 65세 이상을 노인이라 하며, 국민연금법에서는 60세 이상을 노인이라고 한다. 예전부터 우리는 나이가 들어감에 따라 회갑(61), 고희(70), 희수(77), 율수(80), 미수(88), 졸수(90), 백수(99) 등으로 부르기도 하지만, 노인을 총칭하는 말은 '노인', '실버' 또는 '시니어'이다. 시니어는 50세 이상을 말하며, 실버는 65세 이상을 말한다.

그러나 노인이나 실버라는 말이 요즘에 와서는 공경의 의미보다는 부정적 의미로 인식되어 최근에는 '어르신'이라는 용어로 대체되고 있다. 그러나 어르신은 여성 노인에게는 약간 어색한 느낌이다. 또한 자신의 부모와 같다는 의미에서 '어머님', '아버님'이라고 표현하기도 하고 '할머님', '할아버님'이라고 호칭하기도 한다. 자기가 존경할 만큼 점잖거나 나이가 많은 남녀를 부를 때

행복한 노후를 위한 노인의 성

는 '선생님'으로 부르기도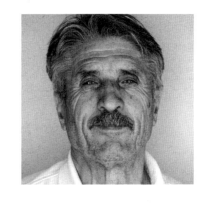
한다. 예전에는 존경의 의
미를 담고 있는 '아주 큰 아
버지와 같은 존재'라는 의미
를 지닌 '한아비'라는 용어
가 사용되기도 하였다. 요
즘처럼 노인들의 수명이 연
장되고 역할이 달라짐에 따라 명칭에 대해서도 변화가 요구되고
있으며, 노인에 대한 정의를 새롭게 하려는 움직임들이 나타나고
있다.

(3) 나이에 따른 구분

일반적으로 노후 시기를 규정하는 노인의 구분 기준은 연령에
따른 신체적 나이이다. 신체적 나이는 법률, 행정 절차, 관습의
기준으로 모든 사람에게 똑같이 적용되는 객관적 나이이다. 노후
시기는 사회적으로 규정한 객관적인 연령 기준과 별도로 생물학
적 나이, 심리적 나이, 사회적 나이, 주관적 나이, 기능적 나이
도 고려해야 한다.

생물학적 나이는 개인의 생물학적, 생리적 발달 및 성숙 수준
과 신체적 건강 수준을 나타내는 나이를 말한다. 그런데 신체적
나이는 적은데 생물학적 나이가 많은 경우도 있다. 예를 들면 신

체적 나이는 50세인데, 건강 관리가 제대로 안 되어 있다면 생물학적 나이는 60세가 될 수도 있다. 반대로 신체적 나이는 많지만 건강 관리를 잘해서 생물학적 나이는 더 적을 수도 있다.

심리적 나이는 경험에 근거한 심리적 성숙과 적응 수준을 나타내는 나이를 말한다. 신체적 나이는 적은데 기억, 학습, 지능, 신체적 동작, 동기와 정서 등과 같은 심리학적 요인의 경험이 많으면 나이가 많이 먹은 것처럼 인식된다. 예를 들면 신체적 나이는 50세인데, 경험에 근거한 심리적 성숙과 적응 수준이 높으면 심리적 나이는 60세가 된 것처럼 생각할 수도 있다.

사회적 나이는 하나의 규범으로 정한 나이로, 사회적 나이에 따라 사회적 지위가 결정되고 역할에 대한 기대감이 각각 다르게 형성된다. 사회적으로 노인의 범주에 속하더라도, 자신이 생각하기에 노인이 아닐 수 있기 때문이다.

주관적 나이는 신체적 · 생물학적 · 심리적 · 사회적 나이에 관계없이 자신이 스스로 느끼는 나이를 말한다. 주관적 나이는 자신의 연령을 어떻게 정의하는지, 자신을 어떻게 느끼는지, 어떻게 보고 묘사하는지를 반영하는 나이로 자신이 스스로 보는 태도뿐만 아니라, 타인이 자신을 보는 태도까지 반영한 나이다. 예를 들어 60세의 신체적 나이에 자신을 50세라고 생각하면 그것이 주관적 나이다.

기능적 나이는 개인의 신체적 · 심리적 · 사회적 기능 등의 정

행복한 노후를 위한 노인의 성

도에 따라 노인을 규정하는 나이를 말한다. 예를 들면 신체적 나이는 50세인데, 신체적·심리적·사회적 기능이 떨어져 기능적 나이는 60세가 된 것을 말한다.

결국 노후의 나이는 신체적 나이로 객관적으로 정의할 수도 있지만, 생물학적 나이, 심리적 나이, 사회적 나이, 주관적 나이, 기능적 나이에 의한 다양한 편차에 따라 각 개인은 노후라는 인식을 다르게 받아들일 수 있기 때문에 객관적인 지표와 함께 주관적인 노후 인식에 대한 이해도 함께 이뤄져야 한다.

한국보건사회연구원이 2013년에 발간한 '노후 준비 지원정책의 필요성과 방향' 보고서에 따르면, 주관적인 노후 시기는 50세에서 95세까지 다양하게 분포되었고, 노후가 시작되는 시기는 평균 67.6세로 나타났다.

〈표 1-2〉 나이에 따른 구분

구분	특징
신체적 나이	• 달력에 따른 나이 • 법률, 행정 절차, 관습의 기준으로 모든 사람에게 똑같이 적용
생물학적 나이	• 개인의 생물학적·생리적 발달과 성숙의 수준과 신체적 건강 수준을 나타내는 나이 • 신체적 활력을 나타내는 지표 • 폐활량, 혈압, 신진대사, 근육의 유연성 등
심리적 나이	• 경험에 근거한 심리적 성숙과 적응 수준을 나타내는 나이 • 기억, 학습, 지능, 신체적 동작, 동기와 정서, 성격과 적성 특성 등 여러 가지 심리학적인 측면에서의 성숙 수준 함께 고려

사회적 나이	• 하나의 규범으로 정한 나이(교육 연령, 결혼 및 출산 적령기, 취업 연령, 은퇴 연령, 자녀 결혼, 손주 출생 등) • 사회적 나이에 따라 사회적 지위가 결정되고 역할에 대한 기대감이 각각 다르게 형성
주관적 나이	• 신체적·생물학적·심리적·사회적 나이에 관계없이 자신이 스스로 느끼는 나이
기능적 나이	• 개인의 신체적·심리적·사회적 기능 등의 정도에 따라 노인을 규정하는 나이 • 신체적·심리적·사회적 영역 등에서 특정 업무를 적절히 수행할 수 없는 경우를 노인으로 정의

| ❷ 노인의 증가와 수명 연장 |

우리나라는 65세 이상의 인구가 15%를 넘어서 고령 사회가 되었다. 2026년에는 전체 인구의 20%에 달해 초고령 사회로 접어들 것으로 예측된다. 고령화 속도가 세계에서 가장 빠르다는 일본을 따돌리고 우리가 세계 1위를 차지한 셈이다. 이대로라면 2050년에는 우리나라 노인 인구의 비율은 37.3%로, 세계 제일의 고령 국가가 될 전망이다.

고령화 속도가 세계에서 가장 빠르다는 일본의 평균 수명은 2015년 현재 여성 86.99세, 남성 80.75세로 평균 83.87세를 기록하며 각각 일본의 종전 최고 기록을 경신했다. 1960년에는 남녀 평균 수명이 55.3세였는데 1980년 들어 65.8세로 증가하였고, 2015년에는 81.8세를 넘고 있다. 2026년에는 87세를 넘을 전망이다.

〈표 1-3〉 노인 인구 증가와 평균 수명 추이

(단위 : 천 명)

구 분	1960년	1980년	2000년	2015년	2026년
전체인구	25,012	38,124	46,789	51,070	50,578
노인 인구	726	1,456	3,168	6,775	10,000
비율(%)	2.9	3.8	6.8	13.1	20.0
평균수명	55.3	65.8	74.3	81.8	87.0
			고령화 사회	고령 사회	초고령화 사회

__ 출처 : 통계청

　우리나라 노인 가구의 구성을 보면, 2016년 가구주 연령이 65세 이상인 노인 가구의 비중이 총 가구의 20%를 차지하였으며, 노인이 홀로 사는 65세 이상 독거노인 가구의 비중은 노인이 거주하는 가구의 33%를 차지하였다. 이러한 노인 가구의 비중은 지속적으로 증가할 것으로 예상되어, 2030년에는 전체 가구에서 10가구 중 3가구가 노인 가구일 것으로 보인다. 또한 독거노인 가구 비중은 노인이 거주하는 가구의 50%를 차지할 것으로 보여 65세 노인들 중에 절반은 혼자 살 것으로 예측된다.

1990년대만 해도 60세를 넘으면 오래 살았다고 환갑잔치를 했지만 2000년대에 들어서면서는 칠순 잔치가 2010년을 넘으면서 팔순 잔치로 바뀌고 있다. 이러한 속도라면 앞으로 사람들의 평균 수명은 90세를 넘게 될 뿐만 아니라 평균 수명 100세를 내다보게 된다. 현재 우리나라에는 100세 이상의 인구가 3,500명, 90세 이상은 15만 명을 넘고 있다.

의학자들은 의학 기술의 발달로 장기를 배양하고 교환하는 기술이 보급되어 인간의 수명이 120세까지 증가할 것으로 예측하고 있다. 따라서 앞으로 10년 뒤에는 상수(100세) 잔치를 해야 하는 시대가 다가오고 있고, 실제로 100세를 넘는 사람들이 많이 생겨날 전망이다.

문제는 급속한 평균 수명의 증가로 인해 은퇴 후에 어떻게 살아야 하는가에 대한 고민이 더욱 깊어지는 데 있다. 인간 수명 100세 시대를 기대하는 사람에게 장수는 축복이지만, 노후 준비를 하지 않은 사람에게는 재앙이 될 수 있다. 따라서 노후에 다가올 충격에서 벗어나고 싶다면 노후 준비를 해야 한다.

❸ 노화란 무엇인가?

노화란 모든 생물에게 자연스럽게 나타나는 현상으로, 나이

행복한 노후를 위한 노인의 성

가 들면서 신체의 구조와 기능이 점진적으로 저하되고 질병과 사망에 대한 감수성이 급격히 증가하면서 쇠약해지는 과정을 말한다. 즉 노화는 나이가 들면서 나타나는 신체 구조, 기능상의 변화, 적응, 행동의 변화 등의 규칙적인 변화를 말한다.

인간은 태어나서 일정한 기간인 청소년기까지만 신체의 성장과 발달이 이루어지고, 그 이후 나이가 들수록 신체의 기능이 쇠퇴한다고 생각하여 노화를 부정적으로 여겼다. 그래서 사람들은 스스로 늙었다는 것을 자각하게 되면 자신의 인생에서 더 이상의 희망은 없고, 사회에서 물러나야 한다는 불행으로 인식하여 늙는다는 것을 인정하기 어려워했다. 사실 노화 방지에 대한 관심이 증가하는 것도 노화가 부정적이라는 전제에서 출발한 것이다. 노화가 나쁘다는 가치관을 갖고 있는 한 노화는 사람에게 고통을 줄 수밖에 없다.

일반적으로 사람은 50세를 전후하여 신체적으로 노화가 나타나고 있다고 자각하기 시작한다. 그러다 60세가 넘으면 이제는 최상일 때보다 월등히 나빠진 신체로 인하여 자신의 노화를 실감하게 된다. 이러한 늙음에 대한 자각은 신체적인 나이에 충실한 사람들이나 부정적인 생각을 가진 사람들일수록 일찍 느끼고, 건강 관리를 열심히 해 온 사람이나 긍정적인 생각을 갖는 사람들일수록 늦게 느낀다. 하지만 결국은 정도의 차이가 있을 뿐 노화를 느낄 수밖에 없게 된다.

문제는 노화를 자각하게 되면 자신감이 사라지고, 현실에 안주하려는 성향이 강해지며, 심하면 우울증에 빠지기도 한다. 따라서 사람들은 대부분 노화를 현실로 받아들이려고 하지 않는 심리적 저항을 가지고 있다. 신체적 연령이 비슷함에도 불구하고 늙음을 자각하는 시기가 사람에 따라 다른 이유는 경험, 습관과 운동량, 가정에서의 유전적 이력, 사고의 크기와 종류 및 횟수, 직업과 생활 수준, 교육과 학습 경험, 심리적 저항 등에 따라 차이가 있기 때문이다.

직업상으로 보면 기술 변화 속도가 빠른 공학이나 첨단 과학분야에 종사하는 과학자나 공학자들은 세상의 변화와 함께 스스로 늙었다는 자각이 빠른 편이다. 그러나 깊은 사유와 경험을 필요로 하는 사회학, 인문학, 철학 분야에 종사하는 사람들은 자각이 늦은 편이다.

경제적으로는 나이가 들어도 여유 있는 경제력을 가지고 있는 사람들은 늙었다는 자각이 늦지만, 경제적으로 어려운 사람들은 늙었다는 자각이 빠른 편이다. 또한 가정적으로도 행복한 사람들은 늙었다는 자각이 늦지만, 가정적으로 불행한 사람들은 늙었다는 자각이 빠른 편이다. 한편 건강한 사람들은 늙었다는 자각이 늦지만, 건강이 나쁘거나 질병에 걸린 사람들일수록 늙었다는 자각이 빠른 편이다.

심리적으로는 심리적 저항이 강한 사람들은 늙었다는 자각이 늦지만, 심리적 저항이 약한 사람들일수록 늙었다는 자각이 빠른 편이다. 스스로를 젊다고 표현하는 사람은 남들로부터 자신이 늙었다는 말을 듣게 되면 자신감을 급격하게 상실하거나 우울증에 빠지게 된다. 따라서 주변에서 늙었다는 자각이 들지 않도록 정신적으로 배려해 주어야 하며, 언어적으로도 주의를 기울여야 한다.

늙음을 자각하면서 자신감 상실과 함께 우울증이 찾아오는 것을 막기 위해서는 노화를 성공적으로 맞이해야 한다. 성공적 노화는 개인과 환경의 상호 작용에 의해 결정된다. 비록 심각한 질병이 있더라도 죽음의 문 앞에서 그것을 어떻게 받아들이느냐에 따라 의연하게 노화에 대처할 수 있다. 그러므로 성공적인 노화는 젊음을 잘 유지하는 것이 아니라 전 생애를 통틀어 그 변화를 수용하는 것이다. 삶의 과정에서 변화에 적응하기 위해 개인적·사회적 자원을 활용하여 발달시켜 나아가는 것이라고 볼 수 있다.

성공적으로 노화를 받아들이기 위해서는 일상적인 활동에서 즐거움이 유지되어야 하며, 인생의 의미와 책임, 목표 성취, 긍정적 자기 이미지와 자기 가치의 인식, 긍정적 태도와 분위기 유지가 매우 중요하다. 또한 노화에 대한 인식을 퇴보라고 생각하기보다는 전 생애 발달의 관점에서 인간이 수태에서 사망에 이르기까지 생애 전 기간에 걸쳐 발달하고 변화한다는 새로운 시각의 전환을 가져야 한다. 노년기의 생애 발달 과업은 마침표를 찍는 데 있는 것이 아니라 완성을 위한 진행 과정이라고 받아들이는 것이다.

일생의 변화

❹ 노화의 원인은 무엇인가?

'우리는 왜 늙는 것일까?', '왜 수명에 제한이 있을까?'라는 의문은 아마도 인류의 가장 오래된 질문일 것이다. 오랫동안 건강하게 살기 위해서는 노화의 원인을 알고 노화를 일으키는 원인을 제거하는 것이 가장 효과적이다.

노화의 원인을 설명하는 학설들은 300여 가지가 넘기 때문에

행복한 노후를 위한 노인의 성

한마디로 노화의 원인을 단정 지을 수는 없다. 아직 어떠한 학설도 정설로 인정되지 못하고 있는 이유는 대부분의 학설들이 노화 현상 전체를 설명하기보다는 부분적인 측면에서만 설명하기 때문이다. 그리고 사람의 체질이나 유전에 따라 노화 속도와 수명이 다른 이유를 속 시원하게 설명하지 못하고 있다.

인류는 아직 노화의 정확한 메커니즘을 밝혀내지 못하고 있으나, 노화를 억제하는 방법이 있다는 것은 다만 추측해 볼 뿐이다. 지금까지 밝혀진 노화와 수명 제한의 원인을 설명하고자 제안된 가설들을 살펴보면 다음과 같다.

[1] 마모 이론(Wear&tear theory)

1882년에 독일의 의사인 아우구스트 바이스만(August Weismann)이 발표한 이론으로, 우리 신체와 세포는 시간이 지남에 따라 마모하듯이 노화가 일어난다는 이론이다.

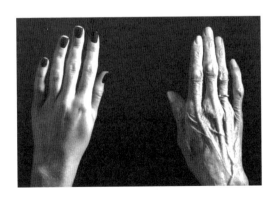

우리 몸은 시간이 지날수록 계속 쓰거나 손상되어 노화가 이루어지기도 하고, 우리가 먹는 음식이나 독소에 의해서 우리 몸이 망가져 간다는 것이다. 우리 몸은 나이가 들어감에 따라 신체와 세포가 손상되어 복구할 능력을 잃으면서 질병에 걸리고 결국에는 죽게 된다고 한다. 마모 이론에 의하면 오래 사는 방법은 신체를 무리하게 사용하지 말고, 해로운 환경을 피하며 규칙적인 생활을 해야 한다는 것이다.

(2) 신경호르몬 감소 이론(Neuro-Endocrine theory)

러시아의 블라디미르 딜만(Vladimir Dilman) 박사가 발표한 이론으로, 나이가 들면 점차 우리 몸의 호르몬 분비가 감소해 신체 기능이 떨어져 노화가 진행된다는 이론이다.

신경호르몬 이론에 의하면 오래 사는 방법은 호르몬 분비가 원활하도록 신체를 자극하거나 호르몬 보충 요법을 실시함으로써 노화를 예방하거나 지연시킬 수 있다는 것이다. 이 이론에 근거해 성장호르몬, 성호르몬(에스트로겐, 테스토스테론), 멜라토닌, DHEA 등을 노화 치료에 이용하고 있다.

(3) 유전자 조절 이론(Genetic Control Theory)

바서만(G.D.Wassermann) 박사가 발표한 이론으로, 우리 몸의 DNA 내에는 태어나면서 늙어 가도록 프로그램이 되어 있다는 이론이다. 사람은 태어나면서 이미 DNA 안에 얼마나 빨리 늙을 것인지, 얼마나 오래 살 것인지 모두 유전적으로 결정되어 있다는 것이다.

유전자 조절 이론에 근거하면 DNA의 손상을 예방하거나, 노화를 방지하거나 조장하는 유전자를 찾아내 이를 적절히 조작함으로써 인간 수명의 연장이나 노화를 늦추는 것이 가능하다고 한다.

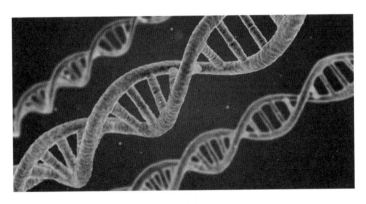

유전자

[4] 활성산소 이론(Free Radical Theory)

미국의 생화학자 덴험 하먼(Denham Harman) 교수가 발표한 이론이다. 인간의 세포 내에는 에너지를 만들어 내는 미토콘드리아가 있는데 이곳에서 에너지를 만드는 과정에 산소는 화학 물질들과 결합하고 물과 탄산가스를 배출한다. 미토콘드리아가 사용하는 산소 중 2~5%가 오히려 세포를 파괴해 우리 몸의 노화를 촉진하는 활성산소(free radicals)로 전환된다.

활성산소는 미토콘드리아를 가장 잘 손상시키고, 손상된 미토콘드리아에서는 보다 많은 활성산소가 발생해 세포의 산화적 손상을 가속화시킨다. 따라서 미토콘드리아는 활성산소를 만들어 세포의 노화를 촉진하는 주범이라고 할 수 있다.

공기 중의 산소가 쇠를 녹슬게 하거나 잘라 놓은 사과를 변색케 하는 것처럼 활성산소는 생체 조직 내의 세포를 녹슬게 해 손상시키고 아미노산을 산화시키며 단백질 기능을 저하시켜 인체를 노화시킨다. 당뇨병, 동맥경화, 백내장, 아토피성 피부염 등 각종 질환을 유발하거나 DNA에도 손상을 가해 돌연변이를 일으켜 암을 발생시키기도 한다.

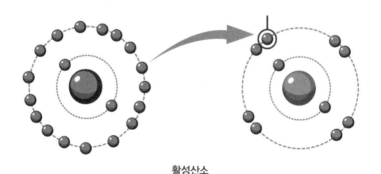

활성산소

행복한 노후를 위한 노인의 성

활성산소에 의한 손상은 태어나서 죽을 때까지 지속되는데, 젊은 시절에는 원래부터 가지고 있는 SOD라는 강력한 항산화물질 등의 작용으로 손상을 빨리 회복시켜 파괴 효과가 상대적으로 작지만, 나이가 들수록 활성산소에 의한 손상은 누적되어 이에 대항하는 항산화 능력이 떨어져 노화가 진행된다. 이 이론에 근거하면 어떻게 미토콘드리아를 건강하게 유지할 수 있는지가 결국 노화의 속도를 줄이는 관건이라고 할 수 있다.

(5) 텔로머레이즈 이론(Telomerase Theory)

미국 캘리포니아에 있는 게론 코포레이션(Geron Corporation)의 과학자들이 발표한 이론이다. 텔로머레이즈는 염색체의 끝부분에서 뻗어 나오는 일련의 핵산에 해당되는 텔로미어(telomeres)를 재생하는 효소이다. 텔로미어는 세포 분열을 하여 염색체가 복제될 때도 복제되지 않으며 세포 분열이 거듭될수록 길이가 점점 짧아져 다 닳으면 그 세포는 더 이상 세포 분열을 하지 못하고 죽는다. 따라서 염색체의 텔로미어 길이가 세포의 수명을 예측하는 지표가 되는 것이다.

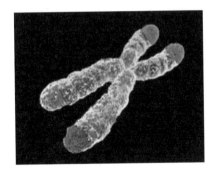

염색체

텔로머레이즈 이론에 근거하면 세포 분열이 이루어지더라도 세포에 텔로머레이즈를 주입해 텔로미어의 길이를 유지하면 세포가 죽지 않아 노화를 늦추는 것이 가능하다고 한다.

그러나 텔로머레이즈를 사용하면 암세포가 무한히 분열을 계속하면서 증식하기 때문에 암 발생 위험도 커진다. 이런 특성으로 인해 정상 세포에서는 텔로미어가 짧아지는 것을 막거나 늦추면 세포 노화를 막거나 늦출 수 있고, 반대로 암세포에서는 텔로머레이즈를 억제하면 암세포의 성장을 막을 수 있기 때문에 암 치료와 노화 방지 분야에서 동시에 텔로머레이즈 연구가 진행되고 있다.

| ❺ 세월 앞에는 장사가 없다

노화는 누구에게나 예외 없이 나이가 들면 찾아오는 자연스러운 현상이다. 나이가 들수록 생체 내에서 노화는 지속적으로 진행되고, 이로 인해 신체 각 부분들의 기능이 저하된다. 노화에 나타나는 생물학적 특성을 살펴보면 다음과 같다.

☑ 소화 기능 : 나이가 들면서 침의 분비, 위액, 소화효소가 감소하며 이는 칼슘과 철과 같은 무기질의 분해와 흡수를

어렵게 하여 골격계 질환을 가져오거나 빈혈이 증가한다.

☑ 혈액 순환 기능 : 고혈압, 동맥경화증, 뇌졸중 등이 나타난다.

☑ 호흡 기능 : 폐에 들어와서 순환되지 않고 남아 있는 호흡의 양이 점점 증가하여 폐 등 호흡기 질환의 주된 원인이 되기도 한다.

☑ 기초대사 기능 : 기초대사율은 감소하고 탄수화물 대사율은 증가한다. 이것은 인체 내부에 당분이 적절히 유통되지 못하고 혈액에 정체되어 남아 당뇨병의 원인이 된다.

☑ 신장 기능 : 인체 내의 수분과 전해질의 균형, 산과 염기의 평형, 체내 노폐물의 배설 등을 담당하는 기능이 저하된다.

☑ 비장 기능 : 당을 조절하는 인슐린의 생산 저하를 가져옴으로써 노인성 당뇨병의 발생률을 증가시킨다.

☑ 간과 담낭 기능 : 간세포가 줄어들어 간의 질량이 낮아지고, 재생력이 감소하며, 담즙을 구성하고 있는 성분들의 고형화로 담석증에 걸릴 가능성이 높아진다.

☑ 수면 : 불면 현상이 나타나는데, 불면은 노년기의 우울증이나 신경증, 죽음에 대한 공포 등 심리적 문제로 인해 발생하기도 한다.

☑ 방광 기능 : 산성 성분과 요소 성분의 감소에 의해 야뇨 현상이나 방광염을 유발한다.

- ☑ 생식 기능 : 여성은 완경을 겪으며, 남성의 경우는 생식 능력을 상실한다.
- ☑ 피부 : 신진대사의 약화로 인해 세포분열이 느려져서 상처의 치유 속도가 늦어지며, 피부의 신경세포와 혈관이 감소하여 체온 조절력이 감소한다.
- ☑ 골격 : 뼈가 약해지고 골다공증이 발생한다.
- ☑ 근육 : 근육이 약화된다.
- ☑ 신장과 체중 : 신장과 체중이 줄어든다.
- ☑ 치아 : 이가 점차 빠진다.
- ☑ 시각 기능 : 40세 이후부터 동공 근육의 탄력성이 약화되고 수정체 내부의 섬유질이 증가하여 근거리를 보기 어렵고 시각이 흐려지는 노안이 발생한다.
- ☑ 청각 기능 : 50세 전후 난청 현상이 나타나기 시작한다.
- ☑ 미각 기능 : 40세 이후부터 서서히 미각 세포가 감소하다가 60세 후반부터 감소 현상이 증가하고 70세경에 되면 단맛과 짠맛을 점차 느끼지 못한다.
- ☑ 통각기능 : 질환을 파악하는 능력, 질환의 고통을 감지하는 능력이 떨어진다.
- ☑ 촉각 기능 : 피부의 노화에 따라 촉각 기능이 저하된다.
- ☑ 후각 기능 : 후각과 폐의 기능이 약화될수록 후각 기능이 떨어진다.

노화는 정상적으로 나이를 먹어 감에 따라 나타나기도 하지만, 병에 걸리거나 강력한 스트레스에 시달려도 급속하게 시작된다. 실제로 당뇨병이나 관절염은 유전이나 생활양식에 기인하여 이루어지는 질병에 의한 노화이다.

노화 기준에 대해 과거에는 주로 생물학적인 부분을 이야기하여 나이만 많으면 늙었다고 하였다. 그러나 요즘은 나이는 먹었지만 같은 나이에 비해 젊어 보인다고 하는 것이나, 나이는 젊은데 나이보다 늙어 보인다고 하는 것을 보면 노화를 무조건 생물학적 변화로만은 설명할 수 없다.

실제로 60세인 사람이 45세와 같은 신체 연령을 가질 수도 있고, 그 반대로 45세인 사람이 80세 노인의 신체 연령을 가질 수도 있다. 또한 나이가 들었지만 젊게 꾸미고 다니는 사람이 있는 반면, 나이는 젊은데 노인처럼 하고 다니는 사람도 있다. 따라서 노화의 기준은 생물학적인 변화 이외에도 심리학적인 변화 및 사회적 변화 과정까지를 다 포함한다.

심리학적인 변화는 마음으로 노화를 느끼는 현상을 말한다. 즉 생물학적인 노화가 이루어지더라도 심리적인 노화가 이루어지지 않으면 젊게 살 수 있지만, 심리적인 노화가 찾아오면 생물학적인 노화가 늦더라도 더욱 늙어 보이기도 한다. 실제로 심리적으로 노화가 이루어지면, 몸과 마음이 더욱 쇠잔하고 초췌해지면서 더욱 무기력해진다.

　사회학적인 노화는 사회에서 직업적 · 생산적 활동으로부터 은
퇴하면서 새로운 삶을 조정해 가는 과정을 말한다. 사람이 은퇴
를 하면 생활 습성의 변화가 생기므로 기상과 취침 시간의 변화,
교통수단의 변화, 식사 장소와 습성의 변화, 만나는 사람들의 사
회적 계층 변화가 생긴다. 따라서 사회학적 노화는 우울증, 소외
와 고독감, 무력감, 정서의 불안 등을 가져올 수 있다.

❻ 건강하게 오래 사는 장수의 비밀

　옛사람들의 가장 큰 관심은 불로장생이었다. 불로초(不老草)를
구하려던 진시황 이야기가 아직까지도 사라지지 않는 것을 보면
오래 살고자 하는 소망은 예나 지금이나 다름없다. 옛날에는 생

활이 힘들고 음식이 충분하지 않아 병들고 일찍 죽는 것이 흔한 일이었으므로 건강하게 오래 산다는 것은 개인의 건강뿐 아니라 그에 따르는 사회적인 지위나 문화적인 수준 등 삶의 질을 나타내 주었다.

요즘에도 '생명을 연장시키는 기술이나 약이 나왔다' 하면 귀가 솔깃해지고 은근히 마음이 쏠리는 것도 불로장수를 바라는 소망이 들어 있기 때문이다. 황우석 박사의 줄기세포 개발에 대한 관심이 높은 이유도 이와 같다고 할 수 있다.

'과연 늙지 않는 것이 가능할까? 또한 수명을 연장하는 것이 가능할까? 가능하다면 얼마나 연장할 수 있을까?' 이러한 질문에 대한 답변은 장수촌의 비밀에서 찾을 수 있다. 세계적으로 유명한 8대 건강 장수촌은 일본 오키나와, 파키스탄 훈자마을, 중국 신장, 에콰도르 빌카밤바, 불가리아 소피아, 조지아 코카스, 중국 위구르 마을, 이탈리아 아키아롤리 마을, 일본 유즈리하라 지방을 꼽을 수 있다. 이들 장수촌이 공통적으로 가진 특징은 다음과 같다.

- ☑ 활성산소(산소라디칼) 반응의 정도를 줄인다.
- ☑ 덜 먹는다.
- ☑ 항산화 성분이 많은 식품이나 항산화제를 먹는다.
- ☑ 지방이 적은 음식을 먹는다.

- ☑ 스트레스를 덜 받는다.
- ☑ 엔도르핀을 팍팍 생성시키는 웃는 마음, 기쁜 마음을 갖는다.
- ☑ 좋은 공기가 있어야 한다.
- ☑ 좋은 물을 마셔야 한다.
- ☑ 가공되지 않은 순수 자연식품을 먹는다.

서울대 노화고령사회연구소장 박상철 교수가 의료 팀 4명, 식품영양 팀 2명, 가족학·인류학·생태환경·사회복지·경제지리 팀으로 구성하여 장수에 대한 연구를 해 본 결과 나온 것이 집짓기 모델이다.

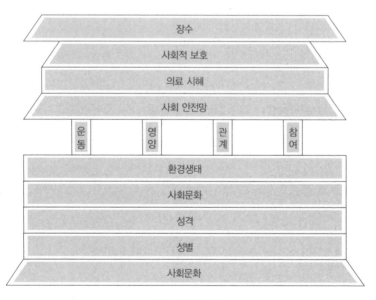

장수 집짓기 모델

행복한 노후를 위한 노인의 성

집짓기 모델에서 장수는 마치 집을 짓는 것과 같아서 유전자·성별·성격·사회문화·환경생태가 장수의 토대가 되며, 운동·영양·관계·참여가 장수의 기둥, 사회 안전망·의료 시혜·사회적 보호는 장수를 지원하는 지붕으로서 영향을 미친다는 것이다. 결국 장수는 한두 가지 요인으로 이루어지는 것이 아니라 사람을 둘러싼 환경적 요소, 영양적 요소, 제도적 요소 등이 함께 어우러져 장수를 만드는 것이다. 또한 박상철 교수는 노화에 대한 건강 대비는 일찍부터 하면 좋지만 늦게라도 대비하면 조금이라도 질적으로 나은 삶을 살 수 있다고 하였다.

장수의 비밀은 이처럼 매우 다양한 요인들이 작용하고 있다. 지금까지 장수의 비밀을 모아 건강하게 장수하는 방법은 다음과 같이 요약할 수 있다.

[1] 건강한 정신

정신이 건강하려면 스트레스를 느끼지 말고 하루하루 생활에서 만족과 행복을 느낄 수 있어야 한다. 아무리 물질적인 풍요로움이 보장된다고 해도 생활에서 만족과 행복을 느끼지 못하면 사는 것이 즐거울 수 없으며, 이로 인해 문제가 생기게 된다.

[2] 적당한 음식 섭취와 영양 유지

과거에는 음식이 부족해서 영양에 문제가 생겼지만, 오늘날에는 음식을 과잉 섭취하여 영양 과다나 영양 편중이 문제시되고 있다. 이로 인해 비만과 당뇨, 고혈압이 발생할 수 있기 때문이다. 따라서 적당히 먹되 영양 상태가 균형이 잡히도록 유지해야 한다.

[3] 운동

인류는 태어나면서부터 수렵, 이동, 농경을 통하여 운동하며 살아왔는데 현대에 와서는 자동화와 편리함으로 인해 운동이 부족한 상황이다. 운동이란 사람의 몸이 기능을 잘할 수 있도록 필요한 부분에 대하여 반복적으로 신체 활동을 하는 것을 말한다. 따라서 지속적인 운동은 우리 신체의 기능을 유지하게 하고 오래 사용할 수 있게 해 준다. 지속적인 운동은 건강뿐 아니라 만족감, 동기, 자신감, 식이와 영양에도 직접적인 영향을 준다.

| ❼ 건강을 위협하는 요인들 |

사람은 같은 나이임에도 불구하고 외형적으로 누구는 젊어 보이기도 하고, 누구는 나이가 더 들어 보이기도 한다. 그뿐만 아니라 신체적 나이보다 기능적 나이가 젊기도 하고, 늙기도 하다. 이는 일상생활의 차이 때문이라고 할 수 있다. 일상생활에서 노화를 촉진하는 요인들을 자주 경험할수록 신체적 나이나 기능적 나이가 많이 들며, 노화를 촉진하는 요인들을 멀리할수록 신체적 나이나 기능적 나이가 적을 수밖에 없다. 노화를 촉진하는 요인들은 다음과 같다.

[1] 담배

담배를 피우면 담배가 연소하면서 노화의 원인이 되는 활성산소가 만들어지고 이를 들이마시게 된다. 활성산소는 우리 몸에 들어오면 항산화제를 파괴시키고 노화를 촉진한다. 그뿐만 아니라 담배를 피우면 담배가 가지고 있는 나쁜 성분들이 들어와 호흡기 질환이나 심혈관계 질환에 걸릴 위험성이 높아지며, 성기능 장애, 뇌혈관의 혈액량 감소, 뇌의 노화, 피부 노화, 수면 장애, 면역 기능의 저하로 인해 결국 수명을 단축시킨다.

[2] 알코올

음주는 적당히 하면 노화를 지연시키고 수명을 연장시키지만, 과음은 활성산소가 만들어지는 동시에 항산화 비타민과 미네랄의 흡수와 이용을 방해하기 때문에 노화를 촉진한다. 그뿐만 아니라 알코올 성분이 혈관을 파괴하여 체내의 수분을 빼앗아 피부를 건조하게 만들며, 남성의 성기능 장애, 여성호르몬 대사에 영향을 주고 뇌세포 파괴, 체내 칼슘 저하, 뼈의 노화, 영양 결핍이나 남성호르몬 감소로 근육을 노화시킨다.

[3] 스트레스

옛말에 "기가 막혀 죽겠네."라는 말이 있다. 이는 바로 스트레스를 받아서 죽겠다는 말과 같은 의미이다. 스트레스는 걱정, 근심이나 일에 대한 불만족 또는 지나친 과로 등으로 생겨나는 것으로 알고 있지만 실제로는 기분 좋은 흥분이나 행복감까지를 포함하는 인간 생활환경 변화에서 일어나는 모든 행동적·신체적 변화를 일컫는다.

실제로 스트레스를 받게 되면 면역계, 내분비계, 심혈관계에 나쁜 영향을 미쳐 질병을 일으키고 노화를 촉진시킨다. 그뿐만 아니라 만성 스트레스는 암, 심장병, 뇌졸중, 위염, 위궤양의 위험인자인 동시에 심근경색으로 인한 돌연사의 원인이 되기도 한다. 결국 스트레스를 받으면 기가 막히고 죽음에 이르게 된다는 말이다. 또한 스트레스는 다양한 방식으로 노화를 촉진하는데, 스트레스를 잘 관리하는 사람과 그렇지 못한 사람의 생물학적 연령은 무려 16년이나 차이가 난다고 한다.

[4] 복부 비만

복부 비만에는 내장 비만형과 피하지방형 비만이 있다. 내장비만형은 내장 내에 지방이 축적되는 비만을 말하며, 피하지방형 비만은 피부 바로 밑에 지방이 축적되는 비만을 말한다. 내장 비만과 피하지방형 비만은 따로 나타나기도 하고 같이 나타나기도 한다. 내장 비만형과 피하지방형 비만을 측정하기 위해서는 컴퓨터 단층 촬영을 하면 쉽게 구별할 수 있다.

복부 비만은 당뇨병, 순환계, 심장질환과 같은 성인병 유발 가능성이 클 뿐만 아니라, 당뇨병, 고지혈증, 고혈압, 지방간, 통풍, 퇴행성관절염, 체력 저하, 자신감 상실과 우울증도 걸리기 쉽다. 이런 성인병들은 결국 노화를 촉진하고 수명을 단축시킨다. 습관적인 걷기, 수영, 자전거 타기, 계단 오르기 등 쉽게 할 수 있는 유산소 운동은 신진대사를 원활하게 하여 표준 체중을 유지시켜 주며, 면역 기능을 높여 주는 역할을 한다.

[5] 과식

현대에는 식원병(食原病)이라 하여 모든 병의 원인이 먹는 음식에 있다고 본다. 다시 말하면 한평생 식생활이 제대로 이루어지지 못한 탓에 먹고 있는 식품 중 어떤 성분이 원인이 되어 생긴 병이라는 뜻이다. 세계적인 현대 과학의 석학들도 대부분의 질병이 음식에서 기인한다는 데 입을 모은다.

실제로 우리나라에서 가장 많이 팔리는 약은 소화제이며, 병원을 찾는 환자의 60%가 위장병 환자라는 사실은 이젠 놀랄 일도 아니다. 이처럼 우리나라 사람들이 다른 나라에 비하여 위장병 환자가 많은 이유는 무엇일까? 그것은 바로 우리나라 사람들의 과식하는 식습관에서 기인한다. 먹거리가 풍요해짐에 따라 그동안 먹지 못한 한풀이라도 하듯이 우리는 너무 먹어 대고 있다. 그러다 보니 우리 몸이 한계를 벗어나 비만이 되기도 하고, 위장병에 걸리기도 하는 것이다.

우리 속담에 "과식은 소식만 못하다."라고 한 것도 많이 먹는 것보다는 적게 먹는 것이 좋음을 강조한 것이다. "허약한 사람을 기운 나게 한다고 기름진 음식을 무리하게 먹이면 도리어 더 약해진다."라고 해서 건강하게 살기 위해서는 기름진 음식을 먹지 말라고도 강조하고 있다.

영국에서는 "먹지 못해 굶어 죽는 사람보다 너무 먹어서 죽는 사람이 더 많다."라고 하여 많이 먹는 것이 모든 병의 근본적 원인이라고 보았다. 한평생 하루 세끼씩 거르지 않고 먹어야 하는 것이 음식이기 때문에 음식이 바르지 못하면 모든 병이 생긴다는 말이다.

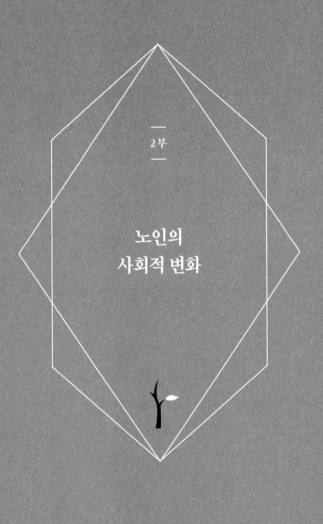

2부

노인의
사회적 변화

❶ 불청객을 대비해야 한다

사회에서 은퇴하고 노후를 보내려면 찾아오는 불청객이 있다. 불청객은 말 그대로 초대하지 않았는데 방문하는 손님을 뜻하지만, 여기서 말하는 불청객은 노후에 찾아오는 원치 않는 어려움을 말한다. 따라서 노후를 행복하게 살기 위해서는 노후에 찾아올 어려움에 미리 대비해야 한다.

노후를 준비하는 목적은 노년기에 겪게 되는 여러 변화에 적절히 대응하기 위함이다. 노년기에 겪는 변화 유형에는 개인 및 노후 준비도에 따라 다양하게 구분된다. 노후 준비 유형으로는 사람에 따라 신체적 · 심리적 · 경제적 준비로 구분하기도 하고, 생활 대책, 경제 대책, 주거 환경 대책, 취업 대책으로 나누기도 한다. 또는 가족관계, 사회관계, 경제적 준비, 신체적 준비, 여가 노후 준비로 나눈다.

여기서는 경제적 빈곤에 따른 경제 대책, 건강 약화로 인한 신체적 대책, 인간관계의 단절로 오는 고독 대책, 노후에 기거할 주거 대책, 노후의 많은 시간을 활용하는 여가 대책, 사회의 변화에 따라가지 못해 생기는 사회적인 고립 대책으로 나누어 설명하고자 한다.

행복한 노후를 위한 노인의 성

[1] 경제적 노후 준비

경제적 노후 준비는 노년기에 갖추어야 할 경제적 수준을 위해 합리적이고 실현 가능한 판단에 따라 노후 자산을 마련하고, 경제적 독립성을 확보하기 위해 준비하는 정도를 말한다. 즉, 경제적 노후 준비는 노인이 되었을 때 자녀들로부터 경제적으로 자립할 수 있는 생활과 노화로 인한 질병 치료 및 의료복지시설 이용이 가능하도록 계획하는 것을 말한다.

건강한 노후 생활을 영위하고 경제적 자립성을 확보하기 위해 필요한 자산 및 자원이 있어야 행복한 노후 생활을 할 수 있다. 노후의 경제적 준비는 경제적 측면 외에도 건강 관리, 심리적 안정감, 여가 생활 등 생활 전반에 영향을 미친다. 실제로 경제적 궁핍은 의료 관리 부족, 영양 섭취 미흡, 여가 생활 불능, 자존감 하락 등 생활의 다른 영역들에까지 부정적 결과를 파생시키므로 경제적 노후 준비를 노후 준비의 핵심으로 보는 경향이 많다.

실제로 경제적인 노후 준비가 되어 있지 못해서 병원비가 없어 병원을 못 간 채 아프게 노후를 마감할 수도 있으며, 먹고 싶은 것을 먹지 못하고 최소의 생계비만으로 살아야 할 수도 있다.

[2] 신체적 노후 준비

신체적 측면에서의 노후 준비는 건강을 위해 평소에 노력하는 것을 말한다. 사람은 누구나 노년기에 접어들면 신체적인 노화로 인해 신체 구조 및 신체 내부의 세포 조직, 장기 등 신체 전반에 걸쳐 발달이 쇠퇴하게 되면서 신체 기능이 저하되고, 질병을 앓게 될 가능성이 높아진다. 또한 노년기의 건강 문제는 그 자체로도 문제지만 노후 기간의 전반적인 삶의 만족도, 심리적·정서적 안정감이나 고립감에 영향을 미친다.

건강의 악화 및 장애는 의료비 지출과 노동력 상실로 이어져 노년기 경제적 안정을 위협하는 주요 요인이 되며, 심리적으로 위축시키고 사회적 활동 범위를 축소시켜 고독감 및 무력감의 원인이 되는 등 노년기 삶의 여러 영역에 부정적 영향을 미친다.

통상적으로 중년기부터 시작된 노화나 질병이 누적되어 노년기에 이르러 만성 질환이 되므로, 건강한 노후를 맞으려면 중년기 때부터 건강한 삶을 살아야 한다. 노년기에 건강을 잃으면 결국 의료비용의 지출이 증가하여 고통스러운 생활을 살게 된다.

(3) 고독 준비

현대사회의 급속한 사회 변화는 핵가족화, 개인주의의 팽배 등의 현상을 초래했으며, 이러한 현상들은 노인의 심리적 위축 및 소외 문제를 더욱 가중시키고 있다. 또한 직장에서 갑자기 은퇴하게 되면 갑작스러운 역할 상실로 인해 소외감과 상실감을 느낄 수 있으며, 노후에는 가족과 친구들이 곁을 떠나가면서 소외감과 상실감을 느낄 수 있다. 이러한 소외감과 상실감은 노년기의 삶을 고독하게 만든다.

노년기에 겪는 소외감과 상실감 등은 여러 가지 정신 건강상의 문제로 파생될 수 있는데, 보건복지부가 발표한 '2014 노인 실태 조사' 결과에 따르면 노인 노인의 심리적 요인, 특히 우울증은 노인 자살 사건 중 50~70%를 차지할 만큼 주요한 요인으로 작용하는 것으로 나타났다. 또한 한국 사회의 자살률을 살펴보면, 각 연령대 중 70대 이상 노인 인구의 자살률이 다른 연령대에 비해 높은 비중을 차지하는 것으로 나타났다. 이는 노인들의 자살 문제가 심각하며 아울러 정신 건강이 중요함을 알 수 있다.

[4] 주거 준비

노인 인구의 급속한 증가에 따른 노인 주거 문제가 대두되고 있다. 급속한 산업화 및 도시화에 따라 맞벌이 부부가 급증하면서 가족 내 노부모의 부양 조건이 악화되고 있다. 따라서 노인들을 위한 주택, 아파트 등의 노인 주거 공간에 대한 관심과 욕구 역시 함께 증가하고 있는 추세이다. 노인들이 나이가 들어감에 따라 만성 질환, 육체적·정신적 제약 등으로 인해 실버타운과 같은 노인 주거 시설에 대한 관심 및 의존도가 높아지고 있다.

이러한 범사회적인 고령화 현상에 대한 대비책으로 노후의 건강한 삶을 영위할 수 있는 노년층의 욕구와 취향에 맞는 주거 공간이 필요할 것이다. 특히 베이비부머 세대들은 대가족에서 핵가족화로의 변화를 겪으면서 자녀들을 분가시키고 향후 노후 생활을 독립적으로 해야 하기 때문에 주거에 대한 준비가 필요하다.

(5) 여가 활용 준비

한국의 중년 세대는 성장을 목표로 하는 시대에서 열심히 살아온 결과, 여가를 즐길 만한 여유와 경제적 능력을 지닐 수 있게 되었다. 하지만 그 여가를 어떻게 즐겨야 하는지에 대해 막막해하는 경우가 많다. 이는 시간과 여유를 활용하고 즐기는 교육의 기회가 없었기 때문이다.

은퇴 후 노년기에 일을 하지 않으면 많은 시간적인 여유가 생긴다. 이러한 시간을 효과적으로 사용하는 방법은 여가를 활용하는 것이다. 그러나 현직에 있을 때도 여가를 즐기는 방법을 모른다면 은퇴 후에는 여가를 즐기기가 더욱 어렵다. 따라서 은퇴 전에 은퇴 후 노년기의 여가를 활용하기 위한 준비를 미리 해야 한다.

(6) 변화로 인한 고립 대비

사람은 나이가 들수록 세상의 변화에 둔해져 가는데, 특히 노년기로 접어들수록 변화에 익숙하지 못하게 된다. 점차 세상의 변화를 따라가지 못하면 불편한 생활을 감수하거나 사회로부터 격리되기 마련이다. 따라서 노년기에도 세상의 변화를 받아들이고, 대비해야 한다.

❷ 고독한 노인들이 증가한다

한국보건사회연구원의 2014년 '우리나라 노인 실태'를 조사한 연구 결과를 보면, 우리나라 노인의 20% 정도는 평소 배우자를 제외한 다른 사람을 만나지 못하는 고립 상태에 있는 것으로 나타났다. 또한 43.5%는 자녀와 떨어져 살면서도 밀접하게 접촉하지만, 친구나 지역사회 사람들과는 거의 만나지 않는 '현대적 가족 중심형'이었다.

자녀와 동거하거나, 별거하는 자녀와도 만나지만 친구나 이웃과는 접촉하지 않는 '전통적 가족 중심형'도 21.1%의 비율을 차지했다. 이외에 자녀와 동거하거나 별거 자녀와 긴밀한 관계를 유지하는 동시에 친구와 이웃 등 지역사회 구성원들과도 자주 만나는 '다층형'이 11.2%였고, 친구나 이웃 등만 접촉하는 '지역사회 중심형'이 4.2%로 나타났다.

연구 결과를 분석해 보면 경제 수준과 교육 수준이 높을수록 고립형의 비율은 감소하는 반면, 전통적 가족 중심형의 비율과 다층형의 비율은 증가한다. 결국 학벌이 높고 소득과 재산이 많으면 가족과 친구, 이웃 등과 자주 만날 확률이 높아진다는 의미다. 반대로 학벌이 낮고 가난할수록 고립되어 외롭게 사는 비율이 늘었다. 성별로 보면 고립형의 비율은 남성 노인에게서 더 높게 나타났고, 다층형의 비율은 여성 노인에게서 더 많았다.

최근 세계보건기구(WHO)의 발표에 따르면 우리나라 여성 평균 수명은 83세로, 남성의 78세에 비해 평균 5년을 더 사는 것으로 나타났다. 노인 인구의 남녀 구성비는 60세 이상 노인의 남녀 비율이 약 5:9이고, 이는 고령화가 진행될수록 격차가 더욱 심해져서 부부가 노후에까지 동고동락하지 못하고, 고독한 생활을 하게 된다.

남자가 60대가 지나서 배우자와 사별하거나 이혼한다면 어떤 모습으로 살까? 여자들은 혼자되면 자녀들 살림이라도 해 주고 아이라도 봐줄 수 있으니 자식들에게 어느 정도 대우받을 수 있다. 더욱이 친구를 사귀어 친구들과 왕래하면서 여생을 보낼 수 있다. 그러나 남자는 혼자되면 자녀들을 위해 해 줄 수 있는 것이 별로 없을뿐더러, 특히 며느리와 같이 사는 경우에는 처신이 어렵다. 또한 친구 관계도 점점 줄어들어 더욱 외롭게 사는 것으로 나타났다. 그나마 경제적으로 여유로운 경우는 형편이 낫지만, 그렇지 않다면 그 신세는 처량하기 그지없다.

실제로 노인들의 천국인 파고다공원이나 노인복지관을 가 보면 할머니들은 별로 없고 할아버지 수백 명이 쪼그리고 앉아 있

행복한 노후를 위한 노인의 성

다가 밥 먹을 때가 되면 끝이 보이지 않게 줄을 선다. 여성 노인들은 집에서 할 일도 있고 직접 밥도 해서 먹을 수 있지만, 남성 노인들은 집에서는 할 일도 없고 직접 식사를 만드는 것도 귀찮거나 능력이 안 되기 때문이다.

나이가 들수록 남자들은 가정으로 파고들고 여성에게 의지하려는 성향이 강한 반면, 여성들은 독립적인 욕구를 갖게 되면서 집보다 바깥에서의 생활을 더욱 원한다. 그러다 보니 자연적으로 남성들을 대하는 여성들은 답답할 수밖에 없다. 남편만 없으면 편하게 살 수 있는데 남편이 있어서 집안일을 해야 하고, 남편 식사를 준비하는 것에 부담을 갖는 여성들이 점점 증가하고 있다.

또한 독거노인들에 대한 영양학적인 조사에 따르면 남성 노인들이 여성 노인에 비하여 월등히 영양이 부족한 것으로 나타났으며, 독거 남성 노인들은 음식 장만하는 일을 해 보지 않을수록 집에서 밥을 지어 먹는 것을 부담스러워해 무료 급식을 이용하거나 간편한 라면이나 빵으로 때우는 경우도 많았다. 이러한 문제를 해결하기 위해서는 부인이 살아 있을 때부터 요리를 배워서 천천히 혼자 해 보는 연습을 하는 것도 중요하다.

따라서 남성 노인들은 나이가 들수록 천덕꾸러기 외톨이가 되지 않도록 노후 설계를 잘하여 준비 없는 100세 시대의 고통에서 벗어나거나, 고독력을 키워 자신이 혼자 살 수 있도록 세상을 준비해야 한다. 부인이 있더라도 최소한으로 의지하고 나머지는 자신의 힘으로 해결해 나가도록 해야 한다.

남성 노인들이 스스로 요리하면 자신의 먹거리를 해결하는 데 도움이 되며, 가사를 분담하는 데도 도움이 된다. 또한 요리는 손을 유난히 많이 움직여야 하므로 다른 어떤 것보다도 노인들의 치매 예방에 도움이 된다. 그래서 노인들의 성교육과 반찬을 해결해 주기 위해 노인요리교실을 운영하는 노인복지관도 등장하였다. 최근에는 가정에서도 남성이 요리하는 경우도 많아지고 있어 매우 바람직하다.

| ❸ 노후가 불안한 사람들 |

고령화 사회의 두드러지는 특성으로 여성의 평균 수명이 늘어남에 따라 여성 노인의 절대적인 수가 증가하는 동시에 혼자 가구를 꾸려 나가는 여성도 증가하고 있다. 이렇게 평균 수명이 늘어난 만큼 여성이 노인으로 혼자 살아가는 시간 또한 길어졌다. 평균 수명이 남성보다 5년 이상 더 긴 여성이 3~4년 연상의 남자와 혼인하는 것이 보통이기 때문에, 노년기에 10년 이상은 남편 없이 혼자 살게 되는 경우가 많을 수밖에 없다. 문제는 살면

행복한 노후를 위한 노인의 성

서 여성이 남성에 비하여 받았던 여러 가지 차별과 불이익이, 노년이 되면서 더욱 커질 수밖에 없다는 것이다.

예를 들면 상대적으로 여성은 교육의 기회를 많이 갖지 못했으며, 남자에 비해 불리한 취업 여건 및 은퇴 후 연금 혜택이 있는 남성과는 달리 그러한 혜택을 받지 못하는 경우도 있다. 또한 여성은 남성에 비해 사회적 관계와 도움이 상대적으로 적은 편이며, 남성에 비해 은퇴의 경험을 크게 받지 않아 남성과는 다른 노년 생활을 경험한다.

또한 아직까지 우리 사회는 전통적인 유교사상의 영향으로 남성과 여성에 다른 가치관을 가지고 있어, 홀로된 남성 노인에 비해 홀로된 여성 노인에 대한 편견이 많다. 그리고 가족 내에서의 역할, 경제적 능력, 성에 대한 태도, 그리고 노화 과정에 있어서도 다르게 행동하기를 기대한다.

그뿐만 아니라 여성들은 남성들보다 오래 살게 됨에 따라 신체적으로도 남성들보다 더 많은 질병이나 아픔을 갖고 살게 된다. 실제로 병에 걸리는 비율을 보면 노인성 만성 질환인 관절염, 신경통, 골다공증, 중풍 등으로 시달리는 여성 노인이 남성보다 15% 이상 더 많으며, 치매 유병률이 남성보다 훨씬 높게 나타났다. 그리고 65세 이상의 남성 중 86.3%는 배우자가 있는데, 여성은 34.5%만이 유배우자이므로 여성 노인은 남성 노인보다 독거노인이 많다.

여성 노인들은 젊은 시절 기본 생활을 유지하는 데 급급했던 세대이기 때문에 자신을 위한 노후 대책도 마련하지 못한 경우가 많아 여가 생활을 즐기는 노인들은 소수에 불과하다. 특히 여성 노인들은 낮은 학력 수준과 가정 내에서의 역할만이 강조되어 남성 노인에 비해 사회 활동량이 적으며 사회관계망도 제한되어 있어 남성보다 고독, 우울감을 더 심각하게 경험한다. 그래서 생활의 만족도 면에서도 여성 노인이 남성 노인에 비해 더 낮고, 여성 노인의 우울 정도가 더 심한 것으로 나타났다.

따라서 여성 노인들은 남성 노인들보다 더 많은 경제적 · 정서적 · 사회적 · 신체적 문제를 갖고 있다고 볼 수 있으므로, 여성 노인들만이 겪는 상황이나 어려움을 '노인 문제'라는 보편적 틀 안에서만 이해하기에는 여성 노인이 지니고 있는 특수성이 심각하다고 할 수 있다.

결국 여성은 남성보다 훨씬 오래 살지만 가난하고 외롭고 병든 노후 생활을 하다가 세상을 떠난다. 따라서 늘어난 여성의 평균 수명과 증가한 여성 사회활동을 고려할 때, 여성의 노후 또한 각별한 준비가 필요한 것으로 보인다.

따라서 무엇보다 가난하고 외로운 노인으로 불쌍하게 살아가는 할머니들이 조금이라도 편하게 살다가 세상을 떠날 수 있게 하는 정책에 비중을 두어 정부의 투자가 제공되어야 한다. 그리고 여성들은 자신의 인생 후기에 과도한 의료비용의 지출을 피하기 위하여 젊을 때부터 건강한 생활양식과 함께 노후를 준비하는 것이 바람직하다.

❹ 고독사가 증가한다

고독사란 누구도 봐주지 않는 상태에서 홀로 죽는 것을 말한다. 연로한 독거노인들은 대부분이 만성 질환을 지니고 있기 때문에 갑자기 고독사를 하는 경우가 많다. 특히 급속한 고령화가 진행 중인 일본에서는 노인 인구의 30%가 고독사를 맞고 있을 만큼 고독사는 이제 더 이상 생소한 단어가 아니다.

이미 우리나라에서도 혼자 살다가 죽었지만 몇 달이 지나서야 발견되는 일이 생겨나고 있다. 이러한 노인들의 고독사가 가끔 언론을 통해 알려지고 있지만, 사실은 세상에 알려지지 않는 경우가 훨씬 더 많다. 고독사는 사회적인 무관심과 핵가족화, 도시화 등으로 인한 사회 안전망 부재로 숨진 노인을 제때 발견하지 못하고 있기 때문에 발생한다.

우리나라에서 고독사가 늘어나는 가장 큰 이유는 바로 독거노인들이 늘고 있기 때문이다. 통계청의 노인 통계 자료를 보면,

2016년에는 전체 노인 708만 명 가운데 18.9%인 134만 명이 독거노인으로 조사됐다. 독거노인은 2035년이면 전체 노인 1,518만 명 가운데 19.8%인 300만 명에 이를 것으로 추산된다. 이제 더 이상 독거노인의 문제를 남의 일로만 미뤄 두어서는 안 된다. 평균 수명의 연장으로 인한 고령화로 우리 모두 언젠가 독거노인이 될 가능성에 노출돼 있어, 어느 누구도 전적으로 예외라고 장담할 수 없기 때문이다.

독거노인의 고독사는 산간 오지가 많은 일부 시 · 군에서만 발생하는 것이 아니라, 도시에서도 발생한다. 고독사를 하는 노인들은 자주 연락을 주고받는 가족이 없을 뿐만 아니라 이웃들과도 활발한 교제가 없는 경우가 대부분이다. 따라서 응급한 상황에 처하게 되더라도 빠른 시간 안에 주위 사람들의 도움을 받기가 쉽지 않아 결국 혼자 쓸쓸히 죽음을 맞게 된다.

이에 따라 독거노인과 이들의 고독사 예방에 대한 정책적 배려가 시급한 실정이다. 문제는 정부가 독거노인을 보살피기 위한 각종 대책을 내놓고 있지만 고독사하는 노인에 대한 통계조차 제대로 집계하지 못하고 있어 실효성 있는 대책이 나오기 어려운 실정이다. 앞으로 핵가족이 일상화되고 심지어는 부모를 찾지 않는 자녀들이 많을수록 고독사는 더욱 증가할 것으로 보인다.

한편 일본에서는 사망한 지 몇 달 만에 시체가 발견되는 현상

행복한 노후를 위한 노인의 성

때문에 골머리를 앓고 있다. 고독사가 발생하게 되면 세입자들이 세 들어 살기를 꺼리기 때문에 유족 측에 손해배상을 청구하기도 하고, 고독사 한 노인의 유품을 정리하는 회사도 성업 중이다. 또한 고독사를 막기 위해 쓰레기나 가스, 수도 사용량을 확인하고 독거노인들의 안부를 확인하는 서비스업마저 생겨나는 실정이다. 1인 가정과 핵가족화, 고령사회로 인한 고독감을 극복하기 위한 대안주택 운동으로 콜렉티브 하우스(공동체주택)도 생겨나고 있다. 이제 머지않아 우리나라에서도 일본처럼 유품관리사가 유망 직업으로 자리 잡게 될 것이다.

독거노인들의 고독사를 줄이기 위해서는 스스로 자신의 안전을 지킬 수 있도록 일상생활이나 건강 관리에 필요한 교육을 제공해야 한다. 또한 주기적인 건강검진과 영양 섭취 및 운동, 그리고 상담 서비스 등을 제공함으로써 건강이나 안전 등의 문제가 발생하기 전에 미리 예방하도록 해야 한다. 그리고 독거노인들의 안전을 위협하는 중요한 요인 중 하나는 이웃 주민들과의 단절이기 때문에, 위험을 가장 빨리 발견하고 도움을 제공할 수 있는 이웃 주민들과의 교류를 돕는 제도적인 장치가 필요하다.

다행히도 정부는 정기적인 방문과 안부 전화 등을 통해 독거노인의 안전 유무를 확인하기 위해 2007년 6월부터 노인 돌봄 서비스를 실시하고 있다. 현재 정부에서는 독거노인 생활 관리사를 파견해 전국의 홀로 사는 노인을 보살피고 있다. 그러나 독거

노인 생활 관리사 1명이 평균 22명의 노인을 담당하는 등 서비스 인력이 턱없이 부족한 데다 안전 확인 활동만으로는 독거노인들의 안전을 담보하기는 어렵다.

일부 지자체에서는 고독사를 해결하기 위해서 독거노인들에게 요구르트를 지속적으로 배달하는 사업을 진행하고 있다. 요구르트가 없어지면 노인이 생존하고 있는 것으로 판단하고, 요구르트가 사라지지 않으면 건강을 확인해 보는 것이다. 이외에도 서울 서초구에서 시행하는 '독거노인 원격보호시스템'도 주목해 볼 만하다.

'독거노인 원격보호시스템'은 독거노인들의 위급 상황을 24시간 실시간으로 파악해 구청 CCTV 종합 상황센터에 통보하는 것으로, 서초구에서 국내 최초로 보급하였다. 이 시스템은 독거노인 거소의 여러 동선에 설치된 첨단 센서들이 노인의 움직임과 온도 · 습도 · 유독 가스 · 화재 등을 감지, 비상 상황이 발생하면 구청 상황 모니터링에 접수돼 즉시 적절한 대응 조치가 취해진다. 동시에 비상 출동 대기 상태의 소방서와 경찰서에도 실시간 자동 통보된다.

이처럼 언제 어디서나 자유롭게 통신망에 접근할 수 있는 유비쿼터스 기술과 병원에 직접 가지 않고도 온라인으로 건강을 진

단하고 치료를 받을 수 있는 원격 의료 서비스를 '유 헬스케어(U-Healthcare)'라고 한다. 유 헬스케어는 기술의 발달에 따라 점차 다양화되고 있으며 시장 규모도 점차 확대되고 있다.

더욱이 현재 10명 중 8명이 휴대전화를 가지고 있고, 점차 스마트폰으로 바뀌어 가는 상황에서 유 헬스케어는 더욱 진화할 것으로 예측된다. 스마트폰을 이용하여 자신의 몸에 부착한 센서를 통해 생체 정보(뇌파, 심전도, 호흡수, 체온, 맥박 수, 혈압, 산소포화도, 혈당, 근전도 등)를 수집하고, 수집한 정보를 스마트폰을 이용하여 서비스 서버에 전송하여 관리 주치의나 환자 및 환자의 가족들이 전송된 정보를 실시간으로 볼 수 있는 서비스가 진행되고 있다.

앞으로 스마트폰을 통해서 소외된 노약자들의 건강 상태를 언제 어디서나 실시간으로 체크하여 진단 및 처방할 수 있으며, 필요에 따라 응급 상황 시 119 안전센터 등에 연락하여 응급조치의 효율성을 높일 수 있게 된다. 이로 인해 진료에 따른 소요비용(진료비, 교통비 등)이 감소하고 사회에서 소외된 노약자들을 관심 있게 관리할 수 있어 복지사회 실현에 중요한 방편이 될 것이다.

따라서 이러한 시대를 하루 빨리 구현하기 위해서는 독거노인들에게 스마트폰을 지급하여 사용 방법들을 알려 주는 것도 고독사를 줄이는 중요한 방법이 될 수 있다.

| ❸ 노인 자살률이 증가한다 |

고독사와 함께 늘어나는 것이 노인 자살률이다. 우리나라는 이미 OECD 국가들 중에서 자살률이 높은 나라라는 오명을 안고 있다. 문제는 노인 자살이 전체 자살의 25% 이상을 차지하고 있으며, 해가 지날수록 늘고 있다는 것이다. 실제로 지난 10년 사이에 노인 자살이 3배나 늘었고 65세 이상 자살률이 65세 미만 자살률보다 4배 높은 것으로 나타났다.

2017년 통계청 자료를 보면 노인 자살의 가장 큰 이유로 경제적 어려움(40.4%)을 꼽았고, 건강(24.4%), 외로움(13.3%), 부

행복한 노후를 위한 노인의 성

부·자녀·친구와의 갈등 및 단절(11.5%), 배우자·친구 등의 사망(5.4%) 순으로 조사되었다. 노인 자살의 가장 중요한 요인은 정신이나 신체적인 건강이 38.4%로 가장 많고, 다음으로는 경제적인 어려움으로 나타나 노후 대책의 중요성을 새삼 바라보게 한다.

앞으로 수명이 더욱 연장될수록 오래 살기 때문에 지금의 자살 원인 중에서 질환과 장애로 인한 건강 문제는 더욱 심각해질 것이고, 그에 따라 경제적으로도 더욱 어려움이 증가할 것이며, 자녀나 배우자들과의 결별도 더욱 증가한다고 본다면 노인 자살률은 계속해서 증가할 것으로 예측된다.

노인 자살 이유를 성별로 살펴보면, 남성 노인의 경우 주로 노인이 되어 느끼는 우울증, 자녀와 외부와의 단절로 인한 고독, 배우자 상실로 인한 생활의 어려움 등 정서적인 이유로 자살하는 사람이 가장 많았다. 여성 노인의 경우는 자녀들이 부양을 해 주지 않거나, 자녀들의 학대와 방임 등에서 오는 가족 문제가 제일 큰 원인이었다.

결국 노인 자살은 자신의 질환이나 장애가 생겨 생존하는 것이 고통스럽다고 생각하는 노인들의 극단적인 선택 결과이기도 하며, 핵가족화의 진행으로 노인층의 소외가 가속화됨에 따라 경제적으로 취약한 노인들이 소득 없이 자식에게 부담이 되기 싫다는 마음에 결정하는 안타까운 자기희생이다. 사회경제적 상황의 급변이 노인들을 자살로 몰아간 셈이다. 고령화 사회로 인해 노인의 수가 늘어나는 상황에서 노인들의 극단적 선택을 방치해선 안 된다.

노인 자살률을 줄이기 위해서는 결국 노후에 나타나는 질환과 장애를 대비하기 위한 건강 관리가 절대적으로 필요하며, 경제적인 어려움이 생기지 않도록 준비해야 한다. 또한 친구와 자녀 또는 배우자와의 관계 형성을 지속적으로 하여 외로움을 극복할 수 있는 방법을 강구해야 한다.

노후에 나타나는 질환과 장애는 의료비가 풍족하면 과학기술의 발달에 따라 어느 정도는 해결할 수 있다. 노인 질환과 장애는 만성 질환으로 발전할 가망성이 크고 노후 자금을 가장 많이 사용해야 하는 원인이 된다. 특히 노후에 증가하는 의료비는 노후를 불안하게 할 수 있다. 따라서 상대적으로 젊고 건강할 때 노인 질환과 장애를 보장받을 수 있는 보장성 보험을 준비해야 한다. 그리고 경제적으로 풍족한 삶을 위해서는 국민연금이나 개인연금을 기본으로 하고 주택, 주식, 채권, 예·적금 등을 계획적으로 관리해야 한다.

외로움과 가정불화는 결국 부모가 자녀들에게 기대려는 마음에서 시작되기 때문에 자녀들이 출가함과 동시에 자녀들에게 기대지 않고 부부 간에 인생을 즐길 수 있는 취미 생활을 만들고, 자주 함께할 수 있는 친구들을 만드는 것이 좋다. 친구들이 많을수록 같이할 수 있는 시간이 증가함에 따라 외로움과 가정불화가 생길 요인이 현저하게 줄어들어, 노인 자살률을 줄일 수 있게 된다.

| ❻ 황혼 이혼이 증가한다

남편이 은퇴하고 노후를 집에서만 보내는 것은 단순히 주부들의 건강 문제를 넘어 황혼 이혼으로 인한 가족 해체로까지 이어지고 있다. 20여 년 전 일본에서 일기 시작한 황혼 이혼 바람이 우리 사회에도 거세게 불고 있다. 황혼 이혼이란 '노년기에 하는 이혼'을 말한다. 이를 협의의 의미로 보면 60~70대 이후의 이혼을 말하지만, 광의의 의미로 본다면 자녀들이 출가하였거나 대학생이 되어 독립할 수 있게 된 후의 이혼을 포함한다고 볼 수 있다. 황혼 이혼은 자식이 대학에 입학하면 이혼을 요구한다 해서 '대입 이혼'이라 부르기도 한다.

노인들의 이혼은 이제 사회문제로 확대되어 여러 가지 갈등을 촉발하고 있으며, "다 늙어서 무슨 이혼이냐? 그냥 살지." 하는 곱지 않은 시선에도 불구하고 이런 황혼 이혼의 추세는 꾸준히 증가하고 있다. 유교적 가치관이 뿌리박혀 있는 우리 사회의 인습에 젖어 있던 노인들의 인식이 이제는 조금씩 자신의 진정한 삶과 행복을 찾으려는 도전으로 전환되고 있는 것이다.

서울시가 2016년 발간한 '통계로 본 서울 혼인·이혼 및 가치관'의 자료에 의하면, 황혼 이혼은 늘어나는 반면에 결혼 초기 이혼은 감소하고 있다. 특히 60대 이상 황혼 이혼 상담 건수는 계속 늘어나는 추세이며, 실제로 10년 전보다 2배 이상 증가하고 있다.

황혼 이혼을 한 여성들의 특징을 보면, 첫째, 연령대가 주로 50대에서 60대 이상이고, 둘째, 자녀가 대부분 결혼하여 독립한 후이며, 셋째, 황혼 이혼의 원인으로는 부부 갈등이 오랫동안 진행되거나 여성이 가정으로부터 독립하여 자유를 느끼려는 의지가 많았다는 점이다.

한평생을 같이하기로 한 부부가 황혼에 이혼하는 것을 보는 시각은 긍정적인 시각과 부정적인 시각으로 나누어 볼 수 있다. 긍정적인 시각은 황혼 이혼을 통해 부부 갈등을 해소하고, 각자 자신이 원하는 합리적이고 행복한 삶을 추구함으로써 사회적인 안정을 유지한다는 입장이다. 다만 이혼으로 인한 문제들을 최소화할 수 있도록 국가와 사회가 정책을 모색해야 한다고 본다.

반면 부정적인 시각은 황혼 이혼을 통한 부부 해체 후의 삶이 새로운 문제를 일으키므로 가능한 한 참고 살아야 한다는 입장이다. 이러한 두 가지 시각들 중 어떤 것이 더 옳고 그른지에 대해서는 결론을 내릴 수 없다.

대부분의 황혼 이혼 사례를 살펴보면, 아내가 더 이상의 가정생활을 견디지 못하고 이혼을 요구하는 경우가 많다. 정년 후의 이혼 증가와 관련하여, 전문가들은 '여권 신장'을 주 원인으로 꼽는다. 남자들의 전통적인 가부장적 사고방식과 이제는 자신의 권익을 찾겠다는 여자들의 주장이 가정의 불화를 만들고 있다는 것이다.

지금의 50~70대 남자들은 그들의 아버지와 할아버지에게서 남자의 역할을 배웠다. 그들은 남편과 아버지가 존경받는 철저한 가부장제하에서 남존여비사상이 몸에 밴 사람들이다. 남자들은 자신이 배운 역할에 충실했을 뿐이다. 반면 여성들은 그들의 어머니, 할머니가 살았던 방식대로 살지 않으려고 한다. 50~70대 여성들은 여권 신장 시대에 여권을 주장하는 방법으로 이혼을 요구하는 것이다.

법원행정처의 2016년 사법연감에 의하면, 우리나라 황혼 이혼 건수는 2007년에 20%를 넘어선 뒤 2010년 23.8%, 2014년에는 28.7%로 증가하였다. 2012년부터는 황혼 이혼(26.4%)이 신혼

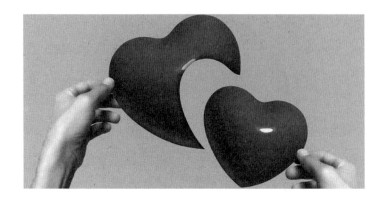

이혼(24.6%)보다 많아졌다. 2015년에는 32,626건으로 전체 이혼 부부 가운데 황혼 이혼이 29.9%를 차지했다.

부부 간에 이심전심은 없어진 지 오래다. 30년을 살아도 부부가 나누는 대화란 기껏 가족으로서 필요한 것을 전달하는 정도에 불과하다. 여자는 친구에게는 연애, 실연, 결혼, 자식, 경제적 문제까지 속속들이 이야기하지만 남편에게는 그렇지 않다. 노년기에 무엇보다 중요한 것은 부부가 함께 해로하며 서로 간 매일 쌓아 가는 감정적인 유대이다.

❼ 자식에게 기댈 수 없는 사회

과거 우리나라에서는 자녀가 장수하는 부모를 부양하는 것을 당연하게 생각했었다. 그러나 현재는 그렇지 않다. 이미 일본에서는 자녀가 부모를 모시고 사는 경우가 극히 드물다. 우리나라에서도 결혼한 자녀는 독립하는 것을 기본으로 하고 있고, 자녀를 출가시킨 부모는 따로 사는 것이 익숙해지고 있다.

부모를 모시지 않는 이유는 먼저 핵가족화에 따른 부부 중심의 생활 때문이다. 자연스럽게 부모를 모시지 않고 사는 것을 본 자녀들은 결혼 후 그들의 부모가 그랬듯 자기들도 부모로부터 독립해서 사는 것을 당연하게 생각한다. 또한 부모를 모시고 사는 것이 경제적으로 힘들고 고부간의 화합도 어렵기 때문에 같이 사는 것이 점점 어려워지고 있다. 결혼한 자녀들은 자녀 양육과 주택 마련에 많은 비용이 들기 때문에 부모를 모시거나 경제적인 지원을 하는 데 힘들어할 수밖에 없다.

결혼하기 전에 부모들이 자녀들에게 "나중에 부모가 힘들어지면 어떻게 할 거니?"라고 물으면 과거에는 당연히 "모시고 살 거다."라고 말하는 자녀들이 많았지만, 요즘에는 "같이 살지 않는다.", "요양원에 보낸다."라고 표현하는 자녀들이 많다. 이런 말을 들으면 적잖은 충격을 받겠지만 이것이 현실이다. 이러한 현상은 시간이 갈수록 더욱 심해질 수밖에 없다.

결국 이러한 사회의 변화를 인식해서 자녀들이 부모를 모셔 줄 것이라는 생각보다는 "내 노후는 내가 책임져야 한다."라는 생각을 가지고 자신만의 노후를 준비해야 한다. 혹여나 자녀들이 자신들을 모시고 살거나 지속적인 용돈을 제공할 거라는 기대감을 가질 수도 있지만, 만약 기대한 대로 이루어지지 않는다면 매우 큰 배신감을 느낄 수밖에 없다. 이로 인해 오히려 자녀들과는 거리만 멀어져서 노후에 더 큰 외로움을 만들게 된다.

앞으로 행복한 노후를 위해서는 자기 앞가림에 바쁜 자녀들에게 의지하기보다는 부부가 같이 자녀의 도움 없이 살 수 있도록 든든한 재무 설계와 건강 관리를 해야 한다. 그러기 위해서는 자녀의 교육이나 결혼에 모든 것을 바쳐서 도와주기보다는, 지원할 수 있는 범위와 한계를 분명하게 정해 주어 선 긋기를 해야 한다.

그리고 될 수 있으면 자신의 결혼 자금은 최대한 스스로 마련하라고 평소에 교육시키고 준비하도록 지도해야 한다. 또 결혼을 앞둔 자녀들에게는 결혼 후에 독립심과 자립심을 키워 줘야 한다. 그래야 자녀에 대한 무한한 투자로 인한 경제적인 어려움에서 벗어날 수 있다. 어떤 부모들은 대학 학자금이나 결혼에 들어간 비용을 돈을 벌면서 갚으라는 효도계약서를 작성하기도 한다.

한편 여성가족부와 통계청이 발표한 '2013 청소년 통계'를 보면 부모 부양에 대해 가족이 돌봐야 한다고 대답한 청소년이 2002년에는 67.1%였으나 2012년에는 35.6%로 두 배 정도 줄었다. 그러나 가족과 사회, 정부에서 함께 돌봐야 한다는 견해는

행복한 노후를 위한 노인의 성

같은 기간 20.5%에서 50.0%로 늘었다.

그리고 2년 뒤 '2015 청소년 통계'에서는 '가족과 사회, 정부가 함께 돌봐야 한다'는 의견이 45.4%로 역시 가장 많고, 그다음으로 '가족이 돌봐야 한다'는 응답이 38%, '부모 스스로 해결해야 한다'는 응답이 13.5%에 달했다. 또한 부모 부양 책임을 장남이나 맏며느리가 해야 한다는 의견(3.2%)보다는 '모든 자녀'라는 응답이 80.1%로 가장 많았고, '자식 중 능력 있는 자'라는 답변은 12.5%였다.

이러한 변화에 대비하기 위하여 사회적으로나 개인적으로나 노년기를 반드시 준비해야 한다.

❽ 노년기를 보내는 유형

사람들은 노년기에 접어들면 생활에 적응하는 방식이 달라진다. 노년기의 적응 방식을 성격이나 적응 양식을 가지고 분석해 보면 다음과 같다.

[1] 만족형

만족형은 모든 것을 좋게 보는 긍정적인 성격을 가진 사람들로서, 노후의 삶을 그대로 받아들이고 일상생활이나 대인관계에서 만족을 느낀다. 인생을 후회 없이 열심히 살아왔기 때문에 적당한 휴식을 취하고 있다고 생각해서 노후의 삶에 만족하는 것이다. 이런 유형은 일생이 값진 것이었다고 느끼고 미래에 대한 공포가 없으며 퇴직 후의 생활을 행복하게 여기며 산다.

[2] 은둔형

은둔형은 남들 앞에 나서는 것을 꺼리는 성격이라 사람 만나는 것을 두려워한 나머지, 사람과의 만남을 줄이고 조용한 생활을 하는 유형을 말한다. 직장을 다니면서 너무 지쳤던 사람들이 은퇴 후에 모든 것으로부터 떠나고 싶어 할 때도 나타난다. 그러나 일반적으로 직장을 은퇴하고 나서 스스로가 무능하다고 여겨 아무것도 못한다고 생각하는 사람은, 다른 사람을 만났을 때 스스로를 무능력한 사람으로 인식하는 것이 두려워 사람을 만나는 것을 기피하게 된다. 이런 유형은 사람과의 관계를 줄이고 시골이나 사람들과 거리가 먼 곳에서 노후 생활을 한다.

[3] 노력형

노력형은 은퇴하고 나서 행복한 삶을 누리기 위해 새로운 직업을 찾거나 미래의 불안을 없애려고 노력하는 유형을 말한다. 은퇴 후에도 새로운 일을 하기 위해 계속 무언가를 배우고, 직장을 다닐 때 회사 밖에서 가지고 있던 동창회나 모임 등의 사회 활동을 계속 유지하려고 노력한다. 이런 유형은 노후의 나태함이나 무력함을 받아들이지 않고 계속 새로운 것을 하기 위해서 애쓰거나 자신의 능력 감소를 막으려 노력하면서 산다.

[4] 분노형

분노형은 노후의 삶이 만족스럽지 못하거나 불행하다고 생각하는 사람이 그 원인을 사회 등 다른 곳에 돌리는 유형을 말한다. 이러한 유형은 자신은 정상인데 회사에서 나를 쓸모없어서 일을 그만두게 하였다고 비통해한다. 또한 노후에 자신이 놓인 처지를 인정하지 않을 뿐만 아니라 자신이 불행하게 사는 이유를 나를 둘러싼 경제 사정, 부모, 형제, 자녀 등 다른 곳으로 돌리며 분노를 표현하면서 산다.

[5] 자학형

자학형은 노후의 삶이 만족스럽지 못하거나 불행하다고 생각하는 사람이 그 원인을 자신에게 돌리는 유형을 말한다. 자학형은 분노형과 비슷하지만, 분노형은 원인을 내가 아닌 주변 때문이라고 생각하는 반면, 자학형은 원인을 자신 때문이라고 생각한다. 이 유형은 노후 자신의 삶을 실패한 것으로 보고, 그 원인을 자기 자신에게 돌리고 자신을 꾸짖으며 살아온 삶을 후회하면서 산다.

[6] 자아통합형

자아통합형은 균형 있고 조화로운 성격으로, 남은 인생을 설계하고 실천하면서 여가를 즐기고 봉사하는 유형을 말한다. 이 유형은 가정과 사회에서 다른 사람들에게 긍정적인 영향을 미친다. 그리고 지나온 삶을 수용하며 자신을 사랑한다. 또한 타인을 돌보면서 다른 사람을 수용하고 나눔과 베풂의 삶을 실천한다. 그리고 다가오는 죽음을 잘 준비하여 아름다운 인생 마무리를 하는 유형이다.

이 중에서 노력형이 노후의 적응 방식에 있어서 가장 이상적이라고 한다면, 만족형과 자아 통합형은 비교적 잘 적응한 경우이고, 은둔형, 분노형, 자학형은 적응에 곤란을 겪고 있다고 할 수 있다. 물론 이러한 적응 방식은 일생을 통한 성격 형성 과정의 결과로 나타난다. 그러나 후천적으로 마음가짐이나 습관을 바꾸면 충분히 부정적인 적응 방식도 긍정적인 적응 방식으로 바꿀 수 있다.

행복한 노후를 위한 노인의 성

3부

은퇴 없는
노인의 성

❶ 성(性)이란 무엇인가?

우리가 사용하는 성(性)의 의미는 여러 가지 측면에서 혼용하여 사용하는데, 오로지 섹스(sex)라는 단어만을 연상하는 사람들도 많다. 성이란 원래 '분리한다'는 뜻의 라틴어 '세크타스(Sextus)'에서 나온 것으로, 인류를 크게 남성과 여성 두 가지 부류로 나누는 상징으로 사용되었다.

한문으로 성(性)은 '마음(心)'과 '몸(生)'이 결합된 것으로 성행동이나 쾌락만을 의미하는 것이 아니라, 남녀의 신체적 차이와 성에 관련된 가치관과 심리, 태도, 감정, 신념 등을 모두 포함하고 있다고 할 수 있다.

일반적으로 성(性)이라 하면 해부학적 · 생리적 · 유전적 측면에서의 신체 및 생식기적 성(sex)과 성교, 성관계 등의 구체적 성행동을 포함한다. 그러나 요즘에 들어와서 성(性)의 개념은 생물학적 요소들과 신체적 기능, 성교, 감각, 쾌락 등으로 생물학적 조건이나 심리적인 부분보다는 행위적인 부분에 초점이 맞추어지고 있다.

태어날 때부터 가지고 있는 성(性)이, 그 사회의 문화와 환경에 의하여 후천적으로 남녀의 가치를 보유하게 되는 것을 '젠더(gender)'라고 한다. 젠더(gender)라는 개념은 1960년대부터 사용

행복한 노후를 위한 노인의 성

하기 시작하였으며, 지역적으로 독립되어 있던 문화적 차이에서 오는 성(性)의 개념이 세계화되면서 사회 제도와 규범 속에서 받아들인 성적 개념을 뜻한다.

성(性)에 대한 가치와 행동 양식은 사람의 성장 환경과 인격, 품성, 후천적으로 학습된 사회 문화적 성 역할과 성 정체성에 큰 영향을 받아 각기 다르게 나타난다. 그러나 이렇게 다른 사람의 성(性)에 대한 가치와 행동 양식은 사회의 문화나 규범, 법규에 가장 큰 영향을 받아서 나타난다. 예를 들어 종교나 문화에 따라 일처다부제, 일부다처제, 일부일처제를 허용하는 것처럼 매우 다양하게 나타난다.

인간의 기본적인 3대 본능은 식욕, 성욕, 수면욕을 말한다. 욕구가 강한 순서를 보면 '수면욕 〈 식욕 〈 성욕'의 순서로 나타난다. 또한 사람은 종족을 보존하기 위한 종족 번식의 본능을 가지고 있다. 본능은 태어난 뒤에 겪거나 배워서 갖춘 것이 아니라 세상에 태어나면서부터 이미 갖추고 있는 능력을 말한다. 본능은 사람만이 아니라, 동물과 식물에서도 나타나는 자연 현상이다. 따라서 성욕은 생물학적 존재로서의 인간이 생명을 유지하며 종족을 보존하기 위한 욕구에 쾌락까지 더해 주어, 가장 강한 욕구가 되는 것이다.

결국 성(性)은 성이 다른 여자와 남자가 만나서 생명이 탄생하

여 그 생명이 다할 때까지 사는 것이라 볼 수 있다. 그러므로 성
(性)의 개념에 대하여 성행동이나 쾌락만으로 국한해서 보지 말
고, 인간관계를 통해 새로운 생명이 태어난다는 것과 인생을 행
복하게 살기 위한 하나의 방편으로 생각하는 것이 좋다.

| ❷ 변화하는 노인들의 성 의식 |

2015년 서울시어르신상담센터 종로구 일대 노인 311명을 대상
으로 '노인의 성에 대한 인식'에 대해 설문 조사한 결과, 성(性)하
면 떠오르는 느낌에 대해 '즐거움'이라고 답한 노인은 55명으로
17.7%이며, '행복'이라고 답한 노인은 44명으로 14.1%, '사랑'
이라고 답한 노인은 26명으로 8.4%, '따뜻함'이라고 답한 노인
은 15명으로 4.8%, '황홀함'이라고 답한 노인은 13명으로 4.2%
로 긍정적으로 인식한 노인은 총 153명(49.2%)으로 나타났다.

행복한 노후를 위한 노인의 성

반면, 수치심이나 불쾌감을 느낀다는 응답자는 각각 11명 (3.5%), 10명(3.2%)이었다. 결과를 보면 노인들도 다른 세대와 마찬가지로 성(性)에서 행복감을 느낀다는 사실이 확인되었다. 성에 대한 관심도 다른 세대에 비해 뒤떨어지지 않는 것으로 나타났다.

서울에 거주하는 65세 이상 노인 중 노인복지관을 이용하는 1,000명(남성 464명, 여성 536명)을 대상으로 실시한 노인의 성에 대한 설문 조사 결과를 보면 '이성 친구가 있나'는 질문에 대하여 남자는 154명이 있다고 하였으며, 321명이 없다고 답하였다. 그리고 여자는 58명이 있다고 하였으며, 446명은 없다고 답하였다. 총 응답자 979명 중에서 212명(21%)이 이성친구가 있다고 답해서 노인들이 예전에 비해서 이성 친구에 대해 상당히 개방적이 되었음을 알 수 있다.

'노인 성매매 어떻게 생각하나'는 질문에 대하여 남자는 166명이 필요하다고 하였으며, 267명이 안 된다고 답하였다. 그리고 여자는 62명이 필요하다고 하였으며, 391명이 안된다고 답하였다. 총 응답자 886명 중에서 228명(38.9%)이 성매매에 대해서도 상당히 개방적임을 알 수 있다.

안수남 씨(2005)의 노인의 성 문제에 관한 연구를 보면, 성생활이 중단된 나이는 남자의 경우 60~65세가 42.8%, 66~70세가 30.3%, 71세 이상이 22.2%였다. 여성은 60~65세가 26.4%, 66~70세가 5.4%였다. 남녀 차이는 있지만 노인들도 비교적 왕성한 성생활을 하고 있음을 알 수 있다.

또한 성 충동을 느끼는 계기는 '성인잡지를 봤을 때'(17.2%), '아름다운 이성을 봤을 때'(15.8%), '누드 사진을 봤을 때'(13.4%), '젊은 이성 상대를 만날 때'(11.5%), '성 관련 이야기를 할 때'(11.3%), '성인영화를 볼 때'(9.8%), '배우자와 함께 있을 때'(2.8%) 순이었다.

성 충동을 느끼면 남자는 배우자나 유흥업소 여종업원 등 어떤 식으로든 이성과의 성교를 통해 해소하는 비율이 62.5%에 달했다. 여성은 그 비율이 39.7%였다. 다른 일에 몰두하거나 참고 넘긴다는 비율은 남성이 32.7%, 여성이 54.9%였다. 자위행위를 통해 해소한다는 비율도 남성이 4.8%, 여성이 5.5%였다. 결국 노인 중 남녀를 통틀어 47%가 성적 욕구를 정상적으로 처리하지 못하고 있다는 말이다.

지금까지는 여성 노인들은 성에 대해서 관심이 없거나 기피하는 것으로 알았지만, 성 의식 조사 결과를 보면 여성 노인들의 성에 대해서도 관심을 가져 주어야 한다는 것을 알 수 있다.

여성들은 완경이 되면 성관계도 끝난다고 생각한다. 이것은 전통사회에서 성을 단순히 자손의 생산에만 국한시켜 생각하도록 만들었기 때문이다. 그래서 욕구는 가지고 있지만 추하다고 생각하거나 남편을 일부러 기피하는 현상들이 생긴다. 이 때문에 부부간 대화 단절이 벌어지고, 삶이 불행해지기도 한다. 그러나 실제로 연구 결과를 보면 여성들도 성에 대한 관심과 욕구는 젊었을 때와 비교해서 어느 정도만 감소할 뿐, 죽을 때까지 지속되는 것이 일반적이다.

　남성들은 집에서 원하는 성적 욕구를 해결하지 못하면 자연스럽게 외부에서 그 방법을 찾는다는 점도 시사하는 바가 크다. 이로 인해 성폭력이나 성매매가 더욱 증가하고 있다고 할 수 있다. 따라서 노인들의 성을 제대로 인식할 수 있는 노인 성교육이 절실히 필요하며, 성적 욕구를 정당하고 합법적으로 해결할 수 있는 방법들을 알려 주어야 한다.

노인이 되면 주변의 여건이나 본인의 질병, 사회적인 시선으로 인해 노년의 성은 위축되기 쉽다. 그러나 노인들에게 있어서 성생활은 노년의 활력을 불어넣어 주며 고독감이나 우울증 등에서 벗어날 수 있는 좋은 예방법이자 치료법이기에 사회의 관심이 필요하다. 노인들의 성적 욕구 해결로 인해 노인들이 고독감이나 우울증 중에서 탈출할 수 있다면 사회적 비용이나 자살을 줄일 수 있다.

❸ 남성 노인의 성기능 변화를 수용해야 한다

노인이 되면 다른 기능과 마찬가지로 성기능에 있어서도 변화가 생길 수밖에 없다. 인체의 노화 현상에 따른 인체 내 세포의 감소와 성적 능력 감소는 생명체의 자연 현상이다. 남성 노인의 성기능의 변화를 보면 다음과 같다.

[1] 생리적 변화

남자의 경우 나이가 들수록 남성 호르몬이 감소하며 성욕과 성기능도 감소된다. 특히 남성은 나이가 들수록 음경이 발기하는데 걸리는 시간이 길어지고 자극을 받고서도 음경이 즉시 발기하지 않는다. 발기 후 지속 시간도 짧아져서 몇 분간 유지하다가는 곧바로 수그러든다. 그리고 발기는 해도 단단해지지도 않는다.

음경과 귀두부의 충혈 상태, 음낭에 나타나는 충혈도가 약해지고 음낭 피막의 탄력성도 줄며, 음낭의 주름도 펴져 축 늘어진다. 성적 흥분으로 안면이나 피부에 나타나는 성적 홍조도 노령에서는 나타나지 않는다. 성적 흥분에 따르는 고환의 상하 운동이 미약해진다.

그뿐만 아니라 성적 흥분기에는 음낭의 혈류가 감소하며 고환의 상승도도 감소하고, 사정하기 전에는 분비물이 감소하고, 사정할 때는 정액량이 감소하며 사정하는 데 힘이 없어진다. 삽입 운동과 사정의 강도 면에서 약해지고 오르가즘 강도도 저하된다.

정액 사출도 약해지며, 정액이 외요도구로 흘러나오기도 한다. 사정과 극치감 때 청년기에서는 0.8초 간격으로 반복되는 정도의 수축 작용이 있었으나 노령에서는 수축 횟수가 줄고 음경의 이완이 빨리 나타나 곧 늘어진다. 성교 능력 회복 시간은 젊을 때는 30분이 소요되나 중년에서는 60~120분이 소요되며, 노령에서는 12~24시간이 소요된다.

성교 때마다 사정이 되는 것은 아니고, 사정이 된다 하더라도 자연스럽게 쾌감이 줄어들거나 모호해진다. 이런 현상은 나이가 먹음에 따라 자연스럽게 나타나는 현상이므로 걱정할 일이 아니다.

(2) 호르몬 분비 감소

남자에게서 성욕을 일으키는 호르몬인 테스토스테론은 대표적인 남성호르몬이다. 이 호르몬은 성욕을 부추기고, 경쟁하고, 정복하며, 성취하게 한다. 남성뿐 아니라 여성에게도 성욕을 일으키는 호르몬인데 남성에게는 여성보다 무려 20배나 많은 테스토스테론이 분비된다. 남성호르몬은 30대가 넘어가면서 1년에 1~3%씩 떨어지기 시작한다.

남자들이 성욕을 불러일으키는 과정은 매우 복잡하여 호르몬 분비의 영향이 가장 크지만 시각적·후각적·청각적·상상적인 영향도 받는다. 노인이 되면 성호르몬의 분비가 감소하고, 감각 기능들도 노화되기 때문에 그에 따라 성욕이 감퇴하는 것은 필연적이다. 그러나 사람에 따라서 성적 욕구와 성기능은 천차만별이기 때문에, 관리만 잘하면 큰 폭으로 감퇴하지 않고 매우 완만하고도 균형 있게 성생활을 즐길 수 있다.

(3) 성욕 감소

가장 큰 변화는 젊었을 때는 외부의 성적 자극에 대하여 빠르게 반응하지만, 나이가 들수록 속도상으로나 강도상으로나 감퇴하게 된다는 점이다. 실제로 남자의 성적 충동은 10대에 최고조에 달했다가 서서히 줄어들고, 여성의 성감은 성인이 된 후 최고조에 달해 유지되다가 60대 말이 되면 감소하는 경향을 보인다.

❹ 여성 노인의 성기능 변화를 이해해야 한다

남성이 호르몬 결핍에 의해 성욕이나 성기능이 감소하듯 여성에게도 완경기 증상과 함께 성기능의 변화가 나타난다.

[1] 생리적 변화

여성은 갱년기에 들어서면 난소로부터 에스트로겐 분비는 유지되지만 배란은 중지된다. 그리고 자궁과 난소는 서서히 위축되고 동시에 질벽에서 점액의 분비가 감소되며 질 입구가 건조해진다. 따라서 염증이 일어나기 쉽고, 출혈이 일어나며 손상을 받게 된다.

이에 따라 성관계 시 통증이 수반되기에, 여성이 성관계를 거부하면서 성생활을 하지 않는 현상이 나타날 수 있다. 노년기에 들어서면 점막이 엷어지며 질의 길이 폭이 짧아지는 경향을 띤다. 또한 노화 과정에 수반하여 질의 신축력도 감퇴한다. 그리고 여성 생식기의 혈류도 감소하면서 성 활동에서 불쾌감을 전혀 체험하지 않았던 여성도 고령기에 접어들면 예전에 비해서 좋았던 감각이 떨어지거나 통증을 느낄 수 있다.

여성은 60세가 되면 질 윤활액이 분비되기까지 더 많은 시간이 걸리지만, 성 흥분과 쾌감은 거의 또는 전혀 영향이 없다. 그러나 질 윤활액의 분비가 되지 않아서 힘든 여성의 경우, 국소 호르몬제 또는 윤활제 등을 사용하거나 적절한 상담 치료를 통해 여성 성기능 장애를 호전시킬 수 있다. 또 호르몬 보충으로 성욕의 증가, 감각의 호전 등을 기대할 수 있다.

(2) 완경기

여성은 45세 전후의 완경기가 지나면서 난소의 기능 부전으로 여성호르몬이 감소하고, 남성호르몬이 증가하게 된다. 남성호르몬이 상대적으로 많이 분비되는 여성은 성격이 남성처럼 적극적이고 강하게 변하고, 성적인 욕구도 강하게 표출되고 좀 더 개방적이 되기도 한다. 그러나 여성호르몬 감소로 인해 감정 기복이 심해진다. 이러한 변화에 대해서 남자들은 이해하지 못해 부부간의 갈등이 생겨서 부부 관계가 더욱 줄어드는 원인이 되기도 한다.

완경은 우리 인간이 진화론적으로 좀 더 자녀를 잘 기르고 오래 살기 위해 택한 전략이다. 그러므로 완경이 곧 성생활의 중단을 의미하지는 않는다. 완경기가 지나도 정기적으로 오르가슴을 경험한 여성들은 섹스를 전혀 하지 않는 여자에 비해 질 위축이나 외성기의 장애가 적으며, 심리적 만족감도 높다.

그러나 과거 여성들의 경우 성에 대한 지식이 매우 낮아 완경기 이후에 스스로 성에 대한 욕구를 가지면 안 된다고 보는 경향이 있어 성에 대한 욕구를 참게 되고 실제적으로 신체에 영향을

주게 된다. 여성도 남성과 마찬가지로 젊을 때와는 다르지만 노후에도 여전히 성생활을 하는 것이 자연스러운 일이다.

| ❺ 자극에 대한 무반응 원인을 알아야 한다 |

대체로 젊은이들은 성적 욕구가 강하기 때문에 머릿속으로 상상하거나 시각·청각·후각을 통한 자극만으로도 흥분과 발기가 쉽게 이루어진다.

실제로 20대 때는 성적 자극에서 발기하는 데 5~10초 내외가 걸리나, 60대~70대가 되면 젊을 때에 비해서 3배 이상의 시간이 걸린다. 발기했을 때의 음경과 배의 각도는 젊을 때는 30~50도이지만 60대 이후에는 30도 이하의 각도가 될 정도로 약해진다. 발기했을 때의 발기 상태 지속 시간은 20~30세 때는 50분인 데 비하면 60~70세 때에서는 10분 이하로 줄어든다.

이처럼 노인이 되면 외부의 자극에 대한 반응으로 인한 성욕은 점차 사라져 버리고 전신적인 애무와 생식기에 대한 직접적인 자극이 아니고는 성욕을 불러일으킬 수가 없다. 성욕이 생기지 않고는 발기가 되지 않는다. 따라서 발기가 되지 않으면 성교를 할 수 없게 된다.

발기가 제대로 되지 않는 노인들은 오랫동안 전신적인 애무와 생식기의 직접적인 자극을 요구하는 욕구가 강해지는 추세를 보이는데, 이는 성생활의 횟수가 감소하는 것을 보상하기 위한 욕구일 가능성이 높다. 따라서 남자 노인들은 성생활을 하기 전에 준비를 잘해서 서로 정성 들여 애무하고 국부에 대한 자극을 강화함으로써 발기를 시켜 일정한 만족을 얻을 수 있도록 해야 한다. 그래서 부부간의 애무와 포옹은 남자 노인들의 성생활 유지에 매우 중요하다.

그러나 아무리 외부적인 자극을 주어도 발기가 되지 않을 때는 남성 발기부전을 고민해 봐야 한다. 남성 발기부전의 가장 흔한 원인은 심혈관계 질환과 당뇨로 인해서 발생한다. 동맥경화증의 초기 증상이 발기부전으로 나타나는 경우가 많다. 음경 동맥의 이상이 있는 경우, 고지혈증·허혈성 심장질환이나 뇌졸중이 관련이 있을 가능성이 있다. 당뇨병 환자에서 발기부전의 빈도는

28%로 일반인의 9.6%보다 높다. 만성적인 상태가 되면 치료가 어렵고 심각한 스트레스로 작용한다. 관절염도 통증이나 경직, 동작의 장애로 인해 성관계를 어렵게 하며, 흡연도 발기에 안 좋은 영향을 미친다.

심리적인 위축으로 인해 발기가 잘 안될 때는 파트너의 숙련된 전신적인 애무와 생식기에 대한 직접적인 자극을 통하여 지속적으로 발기를 유지할 수 있다. 그뿐만 아니라 기존에 해 왔던 자세를 바꾸거나 방법을 달리함으로써 얼마든지 발기를 유지하고, 사정에 이를 수 있다.

성생활을 오랫동안 중단했다가 다시 성생활을 시작하려 할 때 발기가 불가능해지기도 한다. 그리고 정자를 만드는 성선이나 정액을 만드는 부성선도 장기간 쓰지 않으면 폐용성 위축을 일으키기도 한다.

호르몬 결핍으로 인한 발기부전은 남성호르몬 보충요법으로 큰 효과가 있다. 남성 호르몬 보충요법을 통해 성욕과 발기력을 향상시킬 수 있을 뿐 아니라 골다공증 예방, 근력 강화, 기분 전환 등의 부수적인 효과도 얻을 수 있다. 요즘은 비아그라와 같은 경구용 발기부전 치료제를 이용하거나 음경해면체 주사제를 이용하면 발기부전 등을 극복할 수 있다.

❻ 성생활은 나이 제한이 없다

젊었을 때는 왕성한 성생활로 상대방을 만족시켜 준다는 자신감과 자부심으로 살았지만, 나이가 들면서 점점 이에 대한 자신감을 잃어 가고 두려워지게 된다. 그렇다면 과연 인간은 몇 살까지 성생활이 가능한 것인가?

대부분 의학자의 상식적인 견해에 의하면, 건강한 사람을 기준으로 할 때 인체 활동의 가장 왕성한 시기를 사람의 평균 수명의 중간 정도로 보고 있다. 따라서 성생활 역시 그 수준에 준하여 평가하는 것이 일반적인 견해라 할 수 있다. 그래서 평균 수명을 90~100세라 가정한다면 성생활 역시 45~50세가 왕성한 시기라 할 수 있다. 그러나 왕성한 시기를 지나게 되면 노화 현상과 함께 성기능 면에서도 점차 문제가 발생한다.

일반적으로 남자든 여자든 나이가 들어도 성욕 그 자체는 급격히 줄어들지 않는 것으로 나타나지만, 육체적으로는 통제도 되지 않고, 심하면 불가능해져 가기 때문이다. 그러나 개인의 신체적 조건과 능력이 다양하고 의학 기술이 발전함에 따라, 획일적으로 몇 살까지 성생활을 할 수 있다는 결론은 내릴 수 없다. 다만 지금까지 발표된 각종 연구 자료를 통해 추측해 볼 수 있다.

삿포로 의과대학 비뇨기과 교실에서 발표한 연구 결과에 의하면, 80대 전반 노인 남성의 34%가 불규칙적이나마 아직도 성생활을 시도하고 있었고, 그중 13%는 한 달에 1~2회의 성생활을 즐기고 있는 것으로 나타났다. 또한 70대 후반의 55%, 70대 전반의 65%, 60대 후반의 79%가 지속적인 성생활을 영위하고 있다는 것이다.

외국의 유명한 성과학자들은 80세 혹은 100세까지도 섹스가 가능하다는 연구 결과를 발표했다. 60%의 사람들이 75세까지 적어도 한 달에 한두 번은 섹스를 즐기는 것으로 밝혀지기도 했다.

특히 미국의 성과학자인 알렉산더 박사는 100세가 넘어도 성생활을 할 수 있다고 발표했다. 그는 80세가 되어도 건강 상태에 따라 실제로 성관계를 갖고 있는 경우를 보면, 나이를 먹었다는 이유로 성관계를 못하는 것은 아니라고 말한다. 따라서 몸의 건강 상태만 잘 관리한다면 80이 넘어서 죽을 때까지도 성관계를 가질 수 있다는 결론이 나온다.

성생활은 나이와 상관없이 누구나 누릴 권리가 있다. 노인들의 성에 대한 잘못된 편견이 노인 성 문제나 성폭력을 유발하는 원인이 되기도 한다. 따라서 지금까지 노인들은 성 기능이 쇠퇴해져 할 수 없다는 고정관념에서 벗어나 노인들도 사람이기에 젊은 사람 못지않게 누구나 누릴 수 있다는 생각을 가져야 한다. 다만 성기능의 약화와 함께 성생활을 누릴 대상이 점점 없어진다는 데서 사회적 배려가 필요한 시점이 되었다.

❼ 성적 민감성에 의지한다

노년기에 들면서, 성기능이 노화와 함께 서서히 감소하는 것은 자연의 섭리로서 아주 자연스러운 일이다. 그러나 성 활동은 여러 가지 요인, 즉 심리적·정신적·사회적 요인에 따라 다르기 때문에 노인이라고 해서 반드시 성적 능력이나 욕구가 줄었거나 사라졌다고는 말할 수 없다. 노인의 성 활동 유지에는 성적 관심, 건강, 결혼 생활과 배우자, 성관계에 대한 개개인의 가치관에 따라 차이를 보일 수 있기 때문이다.

백석대학교 나임순 교수의 연구에 따르면, 60세 이상 노인을 대상으로 성생활의 중요성에 대해 알아본 결과 성생활이 '중요하다'는 응답이 56.2%로, '중요하지 않다'(22.4%)는 응답보다 월등히 많아 노인이 되어도 성생활은 일상에서 매우 중요한 것으로 나타났다.

보건복지부에서 전국의 65세 이상 남녀 노인 500명을 대상으로 실시한 성생활 실태 조사 결과에 따르면, 현재 '성생활을 한다'는 응답 비율이 66.2%(331명)에 달했다. 이는 노인 10명 가운데 7명가량이 성생활을 하고 있다는 것으로, 노인이 되어도 성생활에서는 큰 변화가 없음을 나타낸다.

이들 중 '월 1~2회' 성생활을 한다고 답한 노인이 26.4%나 됐으며 '3개월에 1~2회' 11.3%, '6개월에 1~2회' 7% 순이었다. '주 1회 이상' 성생활을 한다는 노인도 5.6%를 차지했다. 반면 '성생활을 하지 않는다'고 답한 노인은 49.8%였고 여성(66.9%)이 남성(35.8%)보다 성생활을 하지 않는 것으로 나타났다. 성생활 만족도는 남성(51.3%)이 여성(34.8%)보다 높았다.

또 성생활을 하지 못하는 이유에 대해서는 '신체 기능 약화'가 61.2%, '상대자가 원하지 않아서'가 22.5%, '상대가 없음'이 9.8% 등으로 나타나 성생활에 불만족을 느끼는 노인들도 많았다.

미국의 대표적인 노년단체인 미국은퇴자협회(AARP)가 최근 미국 전역에서 45세 이상, 성인 1,384명을 대상으로 한 성 의식 조사에 따르면 75세 이상 노인 가운데 남자 26%, 여자 24%가 부부 관계를 갖고 있는 것으로 나타났다. 조사 대상 평균으로는 남자 72%, 여자 75%가 적어도 한 달에 한 차례 이상 성관계를 맺는다고 응답했으며, 60~75세 남자 그룹의 경우 64%가 '배우자가 육체적으로 대단히 매력 있다'라고 대답하였는데, 이는 45~59세 그룹의 59%보다 높은 수치였다고 한다. 이 조사 결과에 대해 AARP 관계자는 나이가 들어도 성적 욕구는 줄지 않는다는 증거라고 설명했다.

각종 연구 자료를 종합해 보면 노인의 성을 바라보는 사회의 일반적인 편견과는 달리, 노인들의 대부분은 노년기의 성을 중요하게 인식하고 있으며 성에 대하여 긍정적인 태도를 가지고 있고 배우자의 유무와 관계없이 성에 대한 욕구가 강하다는 것을 알 수 있다.

노인의 성적 능력은 건강할수록, 젊었을 때부터 성 활동이 왕성할수록, 성적 기회가 많을수록, 성적 자극이 많을수록 오랫동안 유지되는 것으로 결론을 내릴 수 있다. 따라서 노년기에 성적 불능 상태가 되지 않기 위해서는 젊었을 때부터 올바른 성적 관심을 가져야 하고, 올바른 민감성을 갖는 것이 중요하다.

| ❽노인 성생활이 주는 행복

지금까지 나온 연구들을 종합해 보면, 노인이 되면 몸과 마음이 허약해지지만 성생활은 나이에 상관없이 할 수 있다는 것을 알 수 있다. 그렇다면 성생활은 건강과 어떤 관계가 있을까?

나이가 들어서 성생활은 오히려 건강에 좋지 않다고 보는 견해도 일부 있지만, 실제로는 건강에 큰 도움이 된다는 것을 각종 연구 자료를 통해서 확인할 수 있다.

행복한 노후를 위한 노인의 성

영국에서 10년간에 걸친 추적 조사를 통해 의학전문지에 발표한 바에 의하면, 45~49세까지의 남성을 대상으로 주 2회 이상의 성생활을 하는 남성과 월 1회도 하지 않는 남성의 사망률을 비교해 본 결과 전자에 비해 후자의 사망률이 약 두 배나 된다.

　또한 스코틀랜드 연구팀이 3,500명을 대상으로 조사한 결과, 주 3회 이상 성생활을 하는 남자는 그렇지 않은 사람에 비해 육체적으로 12년 1개월, 여자는 9년 7개월이나 신체 나이가 젊은 것으로 나타났다.

　영국 웨일스의 작은 도시인 케어필리에서 실시되고 있는 '케어필리 코호트 연구'가 좋은 예다. 2,000명이 넘는 남성을 대상으로 40년간 종단 관찰 연구를 한 결과, 주 1~2회의 섹스를 가진 사람은 월 1회 이하로 섹스 하는 사람보다 10년 후에는 심장마비에 걸릴 확률이 절반 이하로 떨어진다는 통계학적 연구 결과도 있다.

　성교는 머리 아래에서 하는 것이지만 성교를 관장하는 모든 것은 뇌와 관련이 깊다. 따라서 성교를 하게 되면 뇌를 자극하게 되고, 뇌에서는 다양한 호르몬이 분비된다. 옥시토신 호르몬은 파트너와 더욱더 밀착하도록 만들며, 세로토닌은 항우울증제처럼 작용하고, 엔도르핀은 면역력을 증가시키며, 흥분 상태에 도달하게 만든다.

그리고 성에 대한 요구가 강해서 나타나는 성욕도 뇌를 자극하게 하고, 성감대들을 민감하게 만들면서 몸에 적당한 긴장과 스트레스를 주게 되어 몸의 활력에 도움이 된다. 그뿐만 아니라 남녀 모두 뇌를 자극해 노화와 치매, 건망증 등의 진행을 억제하는 효과가 있다.

　신체적으로는 성생활을 지속적으로 하면 오히려 음경 퇴화를 늦춰 발기부전을 예방한다. 성교 시에 사용되는 근육과 소모되는 칼로리 양은 상당한 유산소 운동의 효과가 있어서 건강에 활력을 주는 것으로 나타났다.

　정서적으로 안정감을 느끼게 해 주며, 우울증을 줄이는 효과가 있는 것으로 나타나기도 하였다. 이외에도 독감, 편두통, 심장마비, 전립선 질환 등 많은 질병을 예방하는 것으로도 나타났다.

　따라서 이러한 이유로 성교를 하는 노인들이 성교를 하지 않는 노인에 비해서 건강이 좋고, 병에 잘 걸리지 않으며, 건강하게 오래 살 수 있는 원인이 되는 것이다.

4부

건강한 노인의 성을
유지하는 노하우

❶ 부부 관계를 새롭게 한다

늙어서도 성관계를 원활하게 하기 위해서는 무엇보다 자신들의 노화를 자연스럽게 받아들이는 태도가 중요하다. 자신들의 노화를 받아들인다면 굳이 무리하지 않고 자신의 연령에 맞는 성관계 방법에 맞추어 상대방을 배려하면서 스킨십을 추구할 수도 있다.

노인이 되어서 성관계를 원활하게 하는 데에는 무엇보다도 배우자의 도움 없이는 힘들다. 성관계가 원활하게 이루어지기 위해서는 남성 성기의 발기가 전제되어야 하는데, 젊었을 때는 남성들의 발기가 매우 자연스러운 현상인 데 반해 나이가 들수록 스스로 발기하는 것이 쉽지 않다. 나이가 들수록 남자에게는 더 많은 애무와 강한 자극이 필요하다.

가부장적 분위기 속에서 단지 임신을 하기 위한 목적으로 수동적인 부부 관계를 가져왔던 여성들에게는 이러한 주문이 부담스러워진다. 이 때문에 많은 여성들이 나이를 먹으면서 심적으로 성생활 자체를 피곤해하고 원치 않는 경우가 많다. 그러다 보니 남성들이 성욕을 느끼려고 하는 것이 좋게 보이지 않을뿐더러 발기도 제대로 되지 않는 성기를 자극해 달라고 하면 귀찮을 수밖에 없다.

따라서 부부간의 성적 욕구 차이로 인한 갈등을 해결하는 것이 매우 중요하다. 남성과 여성의 성적 욕구를 함께 해결하고 받아들이려면 평소에도 부부간의 애정과 성 소통이 원활해야 가능하다는 것이다. 더불어 여성의 흥분 상태를 지속적으로 유지하기 위해서도 상대방의 협력이 필요하다.

성적 갈등을 해결하기 위해서는 부부간에 생길 수 있는 문제를 충분히 이야기하고 자신들의 상황을 이해하면서 상대방을 배려해 주어야 한다. 나이가 들어서의 성관계는 배우자 혹은 상대자의 도움이 꼭 필요하기 때문이다. 일상생활 속에서 친절을 베풀거나, 따뜻한 말 한마디, 작은 스킨십부터 시작해서 마음의 문을 열어야 한다.

노인이 되어서 성관계를 할 때는 다음 사항에 유의해야 즐겁게 할 수 있다.

☑ 성관계 전에는 술을 마시지 말아야 한다. 술을 마시게 되면 발기와 흥분이 어려워지며, 배우자가 술에 취해서 하는 성관계에 대해 부정적인 생각을 갖고 있다면 성관계가 더욱 어려워진다.

☑ 나이가 많아짐에 따라 발기의 정도와 지속 시간도 약해지고 짧아지기 때문에 성교 시간은 길게 잡지 않아야 한다.

☑ 남성 노인이 성 흥분을 일으켜 음경이 발기하기까지는 비교적 긴 시간이 필요하기 때문에 전희의 시간이 꼭 필요하다.

☑ 심한 운동 직후나 극도의 흥분 상태에서는 성관계 중 혈압

이 높아져 이상이 생길 수 있으므로 관계를 피해야 한다.

☑ 발기부전 치료제 복용에 의해 발기하기보다는 자연적으로 발기하도록 노력해야 하며, 치료제를 복용한 경우에는 맥박이 너무 빨리 뛰면 성교를 중지해야 한다.

☑ 노인은 정액을 배출하는 압력이 떨어지다 보니 사정을 지연하려고 하면 발기가 풀어져 실패할 수 있으므로 되도록 자연스럽게 해야 한다.

☑ 낯선 환경에서 성관계를 하려고 하면 분위기가 익숙하지 않아 흥분이 잘 안될 수 있으므로 가능한 낯선 곳에서는 성관계를 피하는 것이 좋다.

☑ 성관계 도중에 발기가 사라지거나, 사정이 되지 않는다고 해서 자신을 탓하게 되면 성기능이 저하가 이루어지므로 나중에 하면 된다는 생각을 가지는 게 좋다.

☑ 자신의 성기능에 대한 잘못된 상식이나 타인의 과장된 얘기는 자신의 성욕이나 성기능의 저하를 가져올 수 있기 때문에 자신과 비교하지 않는다.

남녀 모두 성적 욕구가 충만해도 완전한 음경 발기가 되지 않으면 모든 성행동을 그만두는 경향이 있다. 그러나 남녀 모두 신체 접촉만으로도 만족할 만한 성적 쾌감을 얻을 수 있으며, 심지어 극치감에 이르는 능력이 감소한 경우에도 서로 어루만져 주고 애무 · 키스 등을 통해 즐거움을 느끼거나 친밀감이 강화되어 정서적인 만족감을 느낄 수 있음을 알아야 한다. 그러면 굳이 성관계를 갖지 않아도 행복할 수 있다는 것을 깨닫게 된다.

❷ 신체적 문제를 해결한다

☑ 남성의 문제를 해결한다

발기부전은 성관계 시 발기를 하지 못하거나 발기를 하더라도 만족스러운 성관계를 위하여 충분히 발기가 유지되지 못하는 상태를 말한다. 간단하게 말하면 남자의 성기가 발기되지 않는 현상을 뜻한다.

음경 안의 음경해면체동맥이 평상시에는 직경이 0.5mm 되는 가느다란 혈관이었다가 성적으로 흥분하면 신경전달물질이 분비되며 2배로 확장되어 평상시보다 4~11배나 많은 다량의 혈액이 음경 내로 유입되어 확장된 망상구조의 공간에 충만되면서 발기 현상이 일어난다.

결국 발기가 되지 않으면 성관계를 할 수 없기 때문에 남자로서 인생을 다 살았다는 엄청난 좌절과 심한 경우에는 인간으로서 마치 사형 선고를 받은 것이나 다름없는 깊은 우울증으로 고심하는 사람들이 많다.

발기부전의 원인은 매우 다양한데 크게 기질적 요인과 심리적 요인, 기타 요인으로 나눌 수 있다. 기질적 요인으로는 심혈관계 질환, 고지혈증, 당뇨병, 신경계 이상, 성호르몬 감소, 갑상선 질환, 배뇨기계 이상, 과다 약물복용, 전립선질환 등이 있으며, 심리적 요인으로는 우울증, 성에 대한 잘못된 정보, 불안감, 조루, 자신감 상실, 성기 콤플렉스 등이 있다. 그리고 기타 요인으로는 스트레스, 흡연과 과음, 과로, 만성피로, 노화 등이 있다.

발기부전의 50% 이상은 기질적인 요인으로 발생하고, 나머지는 심리적 요인과 기타 요인이 차지한다. 고령이 될수록 기질적인 요인에 의한 발기부전의 비율은 더 높아진다.

〈표 4-1〉 발기부전의 요인

구분	내용	
기질적 요인	• 심혈관계 질환 • 당뇨병 • 성호르몬 감소 • 배뇨기계 이상 • 전립선질환	• 고지혈증 • 신경계 이상 • 갑상선 질환 • 과다 약물 복용
심리적 요인	• 우울증 • 불안감 • 자신감 상실	• 성에 대한 잘못된 정보 • 조루 • 성기 콤플렉스
기타 요인	• 스트레스 • 과로 • 노화	• 흡연과 과음 • 만성피로 • 노화

행복한 노후를 위한 노인의 성

발기부전의 증상에 따라서 발기부전을 치료하는 방법에는 발기부전 치료제를 복용하는 방법과 음경해면체에 주사로 약물을 주입하거나, 보형물을 삽입하는 방법이 있다.

[1] 발기부전 치료제

발기부전 치료제는 음경에 분포되어 있는 평활근을 이완시켜 장기로 들어가는 혈액 공급을 원활하게 하여 발기부전을 개선하는 역할을 한다. 발기부전 치료제로 가장 잘 알려진 것은 비아그라인데, 비아그라 이전의 발기부전 치료제는 크게 효과가 없었다. 다른 약물에 비해 효과가 월등히 높고 경구 복용을 하는 비아그라의 개발은 발기부전으로 고민하는 남성들에게 절대적인 인기를 얻게 되었다.

[2] 주사제

주사제를 이용한 발기부전 치료는 삼중복합 약물로 만들어진 트라믹스라는 볼펜처럼 생긴 주사제를 직접 본인이 음경해면체에 주사하는 것이다. 주사제를 이용한 발기부전 치료는 발기의 강직도와 유지 시간이 약 1~2시간까지도 가능하다. 비아그라 같은 발기부전 치료제를 복용해도 효과를 보지 못할 경우에 사용된다. 단, 트리믹스 약물에 대한 과민반응, 알레르기가 있는 분이나 백혈병, 다발성골수종, 음경 변형이 있는 경우에는 반드시 전문의와 상담 후 안전하게 처방받아야 한다.

트라믹스 주사제

[3] 보형물 삽입

음경에 인공으로 만든 보형물을 삽입하는 방법으로, 자신이 원할 때 발기 상태를 조절할 수 있도록 해 주는 수술을 말한다. 음경 내 해면체를 제거하고 굴곡형 보형물을 넣는 것이다. 남성의 음경 내 해면체를 제거하기 때문에 수술 이후에는 자연발기가 불가능하며, 성관계 시마다 굴곡형 보형물을 세워서 관계를 하고, 끝난 후에는 다시 꺾어서 내려놓아야 하는 불편함이 있다.

☑ 여성의 문제를 해결한다

일반적으로 여성의 성은 얘기하기 어려운 주제였고, 사회적으로도 민감한 부분이다. 사회적으로는 여성은 노인이 되면 성에 대한 관심이 사라졌을 것이라는 편견을 갖기도 한다. 그러나 요즘에는 여성들의 평균 수명이 증가한 만큼 노인이 되어서도 성에 대한 관심을 가지고 있는 이들이 증가하고 있으며, 성적 욕구를 해결하고 싶은 사람들이 증가하고 있다.

여성들이 노인이 되었을 때 성에 무관심하거나 기피하는 이유는 남성 호르몬의 증가로 인해 성적인 욕구가 별로 생기지 않으며, 본인 스스로도 나이 먹어서 주책이라는 생각을 가지기 때문이다. 그리고 여성은 완경기가 오면 질 건조증, 성교 시 통증, 성 욕구 감소 등이 나타나는 것으로 알려졌다.

이에 따라 완경기가 지난 여성들은 성적 욕구를 해결하기 위하여 성관계를 갖고 싶어도 질에서 분비물이 감소함에 따라 윤활작용이 원활치 못해서 성관계 시에도 아픈 느낌을 느끼기도 하고, 외음부의 감각이 둔화되어서 흥분하는 데 장애가 생기기도 한다. 그리고 성관계를 가져도 절정에 도달하는 정도가 현저하게 줄어들기 때문에 자연스레 관심이 줄게 되고, 결국에는 성행위를 기피하는 현상까지 발생하게 된다.

이러한 문제를 해결하기 위하여 의학계에서는 여성이 성관계 시 느끼는 고통을 없애기 위하여 질의 윤활액을 대신할 수 있는 젤리액을 사용하게 하였다.그러나 여성은 남성과 달리 성적 욕구 형성에 다양한 요소들이 작용하고, 성욕이 우선되지 않으면 성적 흥분이나 극치감에 이르지 못하기 때문에 고통을 줄이는 차원에서의 젤리액은 큰 도움이 되지 않았다. 그래서 여성의 흥분 상태를 지속할 수 있는 방법과 음순과 음핵의 팽창을 통해 절정감을 느낄 수 있는 연구를 해 오고 있다.

남성을 위한 비아그라가 효과를 보면서 여성을 위한 성욕 증강제 애디(Addyi)가 2015년 발매되고, 2019년에는 주사제 바이리시(Vyleesi)가 미국 FDA의 승인을 받고 판매되고 있다.

애디는 '핑크 비아그라'라고도 하며 원래 항우울증약으로 개발되었으나, 비아그라와 같이 임상시험 단계에서 항우울 효과보다는 성적 욕구를 끌어 올리는 것을 발견하여 결국 개발의 방향을 완전히 전환해 여성의 성욕저하장애 치료제로 만들어졌다.

바이리시는 여성의 성욕감퇴장애를 개선시킬 수 있는 의약품으로, 성관계를 갖기 45분 이전에 대퇴부나 복부에 주사하면 그 효과를 얻을 수 있다고 한다. 현재 바이리시는 광동제약에서 판권을 얻어 국내에 보급하고 있는데, 아직 효과는 정확히 알려져 있지 않다.

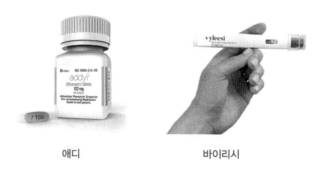

애디   바이리시

행복한 노후를 위한 노인의 성

❸ 육체적으로 건강을 유지해야 한다

성을 젊었을 때처럼 유지하기 위해서 가장 중요한 것은 신체적으로 건강 상태를 유지하는 것이다. 그러나 사람은 중년기에 접어들게 되면 자연스럽게 성인병에 노출되게 마련이다.

성인병은 암·당뇨병·심장병·신장병·고혈압 등을 말하는데 대개 나이 든 어른들에게 많이 발생한다고 하여 성인병이라 하지만, 경우에 따라서 '노인병' 또는 '문명병'이라고도 한다. 노년기에 들어서면 적어도 한두 가지 이상의 만성병으로 고생하게 된다. 이러한 만성 질환으로 인하여 피로 회복이 늦어지기 때문에 성적 능력이 저하된다.

성 기능 유지를 위해서 가장 좋은 것은 운동이라도 해도 과언이 아니다. 여러 연구 결과를 보면 앉아서 일하는 사람들은 신체적 운동을 하는 사람에 비해 발기부전의 유병률이 높았으며, 발기부전이 없는 사람들에 대한 추적 관찰 결과 운동을 통해 지속적으로 건강을 관리한 사람들이라는 점이 밝혀졌다.

사람이 운동을 하게 되면 몸을 이롭게 하는 성장호르몬과 남성호르몬 분비가 증가하고, 면역 기능, 근력과 근지구력이 좋아지고 성인병의 위험을 줄여 주며 뇌의 노화를 막아 준다. 또한 성인병의 근원인 비만을 줄일 수 있도록 체중 조절에 도움이 되며,

스트레스와 같이 우울한 기분이 사라지고 자신감이 생긴다. 그리고 성기능 향상, 골다공증 예방뿐 아니라 숙면을 취하게 해 주고 활성 산소를 제거하는 능력이 좋아져 노화를 방지한다.

성 기능을 좋게 하는 운동은 과격한 운동보다는 유산소 운동과 근육 운동(웨이트 트레이닝), 균형 훈련, 스트레칭 등을 적절히 배분하여 시행하는 것이 좋다. 운동량은 지속적으로 하루 20분 이상, 일주일에 5회 이상 하는 것이 좋다.

만일 운동을 지속적으로 하는 것이 어렵다면 일상생활에서 걷기를 많이 하는 것이 좋다. 실제로 걷기 운동은 발기부전의 위험 인자인 심장병과 고혈압, 비만 등을 예방할 수 있다고 알려져 있으며, 걷기 운동을 하면 회음부를 자극하게 되고, 하체가 튼튼해

행복한 노후를 위한 노인의 성

짐으로써 발기 능력이 향상되고, 성관계 후에도 다시 성관계까지의 회복을 빠르게 해 주는 효과가 있다. 그리고 여성에서도 자궁 및 질 근육이 강화되고 혈류량 또한 증가되며 요실금 등 여성의 배뇨에도 상당한 도움이 되는 것으로 알려져 있다.

❹ 심혈관계 질환을 예방한다

심혈관계는 심장과 혈관으로 구성되어 있는 하나의 계통을 말한다. 심장은 몸에서 펌프와 같은 작용을 하는 기관으로, 끊임없이 정맥을 통해 혈액을 받아들이고 동맥을 통해 혈액을 내보내면서 혈액을 온몸으로 이동시키는 역할을 한다.

나이가 들면서 심장에 문제가 생기고, 혈액의 이동이 잘 이루어지지 않으면서 생기는 것이 심혈관계 질환이다. 심혈관계 질환의 주요 질병으로 고혈압, 허혈성 심장 질환, 관상동맥질환, 협심증, 심근경색증, 동맥경화, 뇌혈관 질환, 뇌졸중, 부정맥이 있다. 심혈관계 질환은 우리나라 사망 원인 2위로, 악성종양 다음으로 높은 순위를 차지하고 있다.

심혈관계에 문제가 생기면 혈액 순환이 원활하지 않기 때문에 심혈관계 질환 환자 중에서 2명 중 1명, 많게는 4명 중 3명이 성기능 장애가 나타나는 것으로 알려져 있다. 따라서 성기능에 장애가 생기면 심장 기능에 이상이 있음을 의심해 보아야 한다.

(1) 동맥경화

심혈관계 질환 중 혈관을 좁게 만드는 동맥경화가 오면 가장 먼저 막히는 것은 음경이다. 동맥경화는 혈관의 가장 안쪽에 있는 내막에 콜레스테롤이나 중성지방이 쌓여 혈관이 좁아지고 굳어지면서 서서히 막히게 되어 혈액이 흐르지 않게 되는 것을 말한다.

신체의 관상동맥의 지름은 3~4㎜인 데 반하여 음경 혈관은 1~2㎜에 불과할 정도로 가늘기 때문에 혈관 벽에 노폐물이 쌓여 혈관이 좁아지고 굳어지면서 서서히 막혀 혈액이 흐르지 않게 되는데, 이러한 혈관의 협착은 발기의 최대 적이 된다.

동맥경화는 고지혈증, 고혈압, 당뇨, 흡연 등에 의해서 발생하기 때문에 행복한 성생활을 오래 하기 위해서는 이러한 원인들을 제거해야 한다. 50세가 넘어서 생기는 발기불능은 관상동맥 이상에서 생기는 경우가 많다.

행복한 노후를 위한 노인의 성

[2] 고혈압

고혈압이란 성인에서 수축기 혈압이 140mmHg 이상이거나 이완기 혈압이 90mmHg 이상일 때를 말한다. 고혈압은 관상동맥질환과 뇌졸중, 신부전 등 전신에 걸쳐 다양한 합병증을 일으키며, 사람의 생명과 건강을 직접적으로 위협한다.

고혈압은 대사성 증후군으로 체지방률과 혈압, 당 수치가 너무 높고 콜레스테롤 수치가 비정상적인 상태가 복합적으로 나타난다. 일반적으로 고혈압은 증상이 없으므로 혈압을 측정해 보기 전까지는 진단이 되지 않고, 진단이 되더라도 증상이 없으므로 치료의 필요성을 느끼지 못한다.

대사성 증후군은 혈액을 원활하게 흐르지 못하게 만들기 때문에, 고혈압이 되면 혈액이 음경으로 몰려 나타나는 발기가 불가능해져 발기부전 현상이 생길 수 있다. 질병관리본부에서 발표한 자료에 따르면 고혈압 환자 중 54.3%가 발기부전 증상을 겪는 것으로 나타났다.

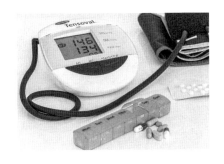

[3] 당뇨병

당뇨병은 인슐린의 분비량이 부족하거나 정상적인 기능이 이루어지지 않는 등의 대사질환의 일종으로, 혈중 포도당 농도가 높은 것이 특징인 질환을 말한다. 당뇨병에 걸리면 인슐린의 분비량이 부족하거나 정상적인 기능이 이루어지지 않는데, 혈중 포도당의 농도가 높아지는 고혈당을 특징으로 하며, 고혈당으로 인하여 여러 증상 및 징후를 일으키고 소변에서 포도당이 배출된다.

당뇨병에 걸려 혈당이 많이 올라갈 경우, 갈증이 나서 물을 많이 마시게 되고 소변량이 늘어 화장실을 자주 가게 된다. 또한 체중이 빠지게 된다. 가장 큰 문제는 면역 기능이 떨어지면서 신체에서 여러 합병증이 발생된다는 점이다.

당뇨 환자 가운데는 발기부전과 같은 성기능 장애를 앓고 있는 사람들이 많다. 당뇨에 걸리게 되면 몸속 혈액 점도가 높아지고, 이렇게 점도가 높아진 혈액이 혈관에 상처를 입히게 되면서 음경 혈관에까지 손상을 입히며, 혈관 확장이 제대로 이루어지지 않아 발기부전이 쉽게 발생되는 것이다.

행복한 노후를 위한 노인의 성

심혈관계 질환을 예방하기 위해서는 다음과 같은 노력이 필요하다.

① 비만은 체내에 과도한 지방이 쌓이게 하고, 혈관 내까지 침투하여 피를 진하게 하고, 혈관을 좁아지게 만드는 원인이 되니 표준 체중을 유지해야 한다.

② 짠 음식을 많이 먹으면 혈관 내에 나트륨 농도가 높아진다. 그로 인해 혈관의 압력이 높아지므로 평소에 음식을 싱겁게 먹어야 한다.

③ 모든 종류의 운동이 일시적으로는 혈압을 상승시키지만 걷기, 조깅, 수영, 자전거 타기 등의 유산소 운동은 지속적으로 꾸준히 하면 혈압을 떨어뜨리는 효과가 있다.

④ 불안, 우울증 등의 정서적인 요인은 고혈압의 위험을 증가시키기 때문에 심리적인 안정감을 갖게 해야 한다.

⑤ 금주와 금연을 해야 한다.

❺ 노인 우울증을 치료해야 한다

노인 우울증은 65세 이상 인구의 10명 중 1명이 걸릴 수 있으며 노년기의 정신 건강과 관련된 가장 흔한 현상이다. 노인 우울증의 증상은 기분이 깊게 가라앉거나 절망감·우울감 등으로 마음의 고통이 심하게 나타난다. 그러나 노인 우울증은 정신적인 증상만이 아니라 두통, 복통이나 위장 장애를 일으키며, 발기부전의 중요한 원인이 되기도 한다.

노인 우울증의 증상은 노인이라면 누구나 조금씩은 가지고 있는데, 핵가족화로 노인 부부만 살거나 혼자 사는 노인도 많아지고 있어 노인 우울증이 방치될 가능성이 더 커진다는 문제점이 있다.

노인 우울증을 진단하기 쉽지 않은 이유는 본인이 우울증에 걸렸다는 걸 깨닫지 못할 뿐만 아니라, 가족이나 친구 등 주위의 사람들도 기운이 없는 것에 대해 '나이 탓이다', '늙으면 누구나 잠이 줄어든다', '늙어서 혼자되었으니 기운이 없는 것이 당연하다'고 이해하여 방치되는 일이 많기 때문이다. 특히 다른 신체적 질환이 있는 경우에 우울증을 발견하기는 더욱 어려워져 주변 사람들은 물론 스스로도 알아차리기 힘들어 더 큰 문제가 될 수 있다.

평소와 다르게 기억력에 장애가 있거나, 심한 분노감이나 절망감, 외로움 등의 감정 이상 등을 보이거나, 이유 없이 불면증, 식욕 부진, 복통, 두통 등을 호소하면서 활동력이 떨어질 때면 우울증의 가능성을 생각해 볼 수 있다. 특히 가족 가운데 우울증, 고혈압, 뇌졸중 등을 앓았던 사람이 있어서 본인이 앓고 있는 경우나 완경 뒤 갱년기 증상이 심한 여성, 노년기에 배우자가 사망한 경우 등은 노인 우울증 발생 가능성이 크므로 각별한 주의가 필요하다.

노인 우울증의 발생 정도는 개인이 가진 신체적 질병과 정년 퇴직, 이별과 같은 생활 사건, 가족이나 친구의 죽음, 재정적 문제, 교육 수준, 인격, 만성 질환 및 기능 상실의 정도 등이 영향을 미친다.

노인 우울증은 무엇보다 예방이 중요한데, 스스로 인생이 발전해 가는 과정이라는 긍정적이고 자신감이 넘치는 인생철학을 새롭고 바르게 확립하는 것이 중요하다. 그러나 본인이 인생철학을 바르게 확립하지 못했다면 주변인들의 도움이 필요하다. 평소에 노인이 우울하지 않도록 가족, 친척, 친구와의 관계를 돈독히 하는 것이 매우 중요하며, 신경을 다른 곳에 쓸 수 있도록 일정한 취미 활동을 배워 몰두하게 하거나 사회적으로 대외 활동을 하도록 권장하는 것도 매우 효과적이다.

특히 배우자나 자녀의 사별을 겪은 사람들은 우울증에 걸릴 위험도가 높다. 배우자나 자녀의 사별을 통해 생긴 노인의 우울증은 수일 동안은 매우 흔하지만 대부분 시간이 지날수록 우울 증상이 서서히 감소한다. 그러나 이러한 증상이 2주 이상 계속되면 우울증을 의심할 수 있는 만큼 전문의의 진료를 받아야 한다.

신체 질환을 가지고 있어서 거동이 불편한 노인은 통증이 생기지 않도록 지병 관리를 더욱 열심히 해야 한다. 통증을 수반한 지병은 노인에게 더욱 큰 우울증을 가져오기 때문이다. 통증을 잊기 위하여 음주를 하기도 하는데, 술에 들어 있는 알코올이 분해되는 과정에서 생기는 산물이 우울한 마음을 더욱 유발할 수 있으므로 과도한 음주는 피하는 것이 좋다.

노인 우울증도 일반적인 우울증과 같이 치료에 잘 반응해 70~80%는 좋아지나, 치료를 중단하면 1년 뒤에는 세 명 가운데 한 명이, 5년 뒤에는 네 명 가운데 세 명이 재발할 정도로 재발률이 높다. 노인 우울증은 일단 치료됐다고 하더라도 재발이 매우 쉬우며, 젊은 사람들의 우울증보다 자살 기도의 가능성과 성공 가능성이 더 크다는 점이 특징이다.

| ❺ 스트레스를 받지 말아야 한다 |

스트레스는 인간이 심리적 혹은 신체적으로 감당하기 어려운 상황에 처했을 때 느끼는 불안과 위협의 감정을 말한다. 스트레스를 받으면 불안, 초조함, 두려움, 걱정이나 초조함 등과 거의 동일한 증상이 나타난다.

스트레스를 받으면 신경이 다른 곳에 집중되기 때문에 발기가 되지 않으며, 발기가 되었다고 해도 금방 풀어지게 된다. 따라서

행복한 노후를 위한 노인의 성

심한 스트레스는 성관계를 불가능하게 하는 요인이 된다.

[1] 스트레스의 원인

스트레스를 받게 되는 원인으로는 사랑하는 사람의 죽음이나 이별, 경제적인 어려움, 질병이나 사고에 의한 손상, 피로, 경쟁에서 밀리거나, 남에게 모욕을 받거나, 거짓말을 해서 무언가 들킬 것 같은 초조함, 시간 약속을 지키지 못할 것 같은 두려움, 소음이 심한 환경, 자녀에 대한 지나친 기대, 자신에 대한 지나친 기대 등이 있다. 이처럼 스트레스는 매우 다양한 원인으로 발생한다. 스트레스가 발생하면 바로 그 원인을 찾아내 해소하면 스트레스를 받지 않게 되거나 다스릴 수 있다. 그러나 스트레스가 심하게 찾아오면 심한 고통을 받게 된다.

[2] 스트레스의 증상

스트레스를 받게 되면 행동적인 증상, 신체적인 증상, 정신적인 증상이 나타난다.

☑ 행동적인 증상

행동적인 증상으로는 입술 깨물기, 다리를 떠는 행동, 이빨 갈기, 충동적인 행동, 부자연스럽고 변덕스러운 행동, 자살, 얼굴의 경련, 과잉 반응, 말더듬기, 욕설, 머리카락이나 귀, 코 만지기 등이 있다.

☑ 신체적인 증상

신체적인 증상으로는 요통, 변비, 설사, 현기증, 입의 건조, 지나치게 많은 양의 땀을 흘림, 과도한 공복감(배고픔), 심한 피로 상태, 졸도 혹은 기절, 두통, 가슴의 통증, 불면증, 근육 경련, 구역질, 식욕 상실, 가슴이 많이 뜀, 숨이 참(헐떡임), 피부 발진, 손의 떨림(수전증), 배탈, 체하는 증상 등이 있다.

☑ 정신적인 증상

정신적인 증상으로는 분노, 불안, 무관심, 권태감(지루함), 우울, 피로, 죽음에 대한 두려움, 좌절감, 죄책감, 절망감, 적개심, 성급함, 주의집중 불가, 과민성, 타인으로부터 거부당한 느낌, 공황, 강박, 공포, 노이로제, 침착하지 못하는 증상 등이 있다.

[4] 스트레스와 성관계의 관계

일단 스트레스가 발생하게 되면 스트레스원에 관한 정보가 뇌의 교감신경에 전달되어 뇌에 이르게 되면, 스트레스에 대항해서 신체적인 변화가 일어난다. 가벼운 증상들은 일정 시간이 지나면 정상적인 상태를 회복하기 시작하지만, 정상적인 회복을 위해서 매우 많은 에너지가 소모된다.

행복한 노후를 위한 노인의 성

따라서 성적 욕구가 생겨도, 스트레스를 받게 되면 성행위에 집중할 수 없을뿐더러, 회복을 위해 많은 에너지를 소모하기 때문에 성관계가 어렵게 된다. 스트레스의 강도가 높을수록 회복하는 동안 지치게 되고, 에너지를 많이 소모해 버리게 되며, 결국에는 성관계가 불가능해진다.

(5) 스트레스를 해소하는 방법

스트레스 요인을 해결하고 스트레스로부터 나를 보호하기 위한 다섯 가지 방법을 소개하면 다음과 같다.

☑ 원인을 찾아 해결한다

스트레스가 발생하면 원인이 무엇인지를 찾아서 원인을 제거하면 스트레스를 해소할 수 있다. 그리고 자신의 성격, 장점과 약점을 파악하여 버릴 것은 버리고, 상황을 자연스럽게 받아들이면 스트레스가 쉽게 해결될 수 있다.

☑ 다른 사람과의 대화를 한다

스트레스가 발생하면 혼자 해결하려 하지 말고 내 마음속에 있는 것을 다른 사람에게 털어놓다 보면 스스로 정리가 되는 경우가 많다. 그리도 자신의 속마음을 말하다 보면 기대하지 않은 해결 방법도 들을 수 있다.

☑ 규칙적인 생활을 한다

스트레스가 발생하면 모든 것이 귀찮아져서 일상생활의 리듬이 깨지게 되고 건강이 더 나빠지게 된다. 따라서 스트레스가 발생해도 규칙적으로 운동, 식사, 일상생활, 휴식 등을 취해야 한다. 몸이 건강해야 마음의 여유가 생겨 스트레스를 해소할 수 있게 된다.

☑ 도움을 구해야 한다

스트레스를 혼자 힘으로 해결할 수 없다면 다른 사람에게 도움을 구하는 것이 좋다. 가장 효과적인 방법은 의사나 전문가를 직접 찾아가서 자신의 상황을 정확하게 설명해 도움을 받는 것이다. 스트레스가 심해서 이미 병적인 우울증이나 불안증이 심해지면 반드시 병원을 찾아서 전문의의 진단과 조언을 받아야 한다.

☑ 마음을 다스려야 한다

인생을 살면서 자기의 긍정적인 생각을 가지고 삶에 대해 만족할 줄 아는 사람은 스트레스를 잘 받지 않는다. 따라서 스트레스가 발생하면 자신의 가치를 인정하고 사랑하며, 긍정적인 시각으로 상황을 받아들이면 스트레스가 금방 해소된다.

☑ 기타

종교의 힘에 의존하거나, 명상, 요가, 심호흡 등을 통해서도
해결할 수 있다.

❼ 강박증에서 탈출해야 한다

강박증은 의지의 간섭을 벗어나서 특정한 생각이나 행동을 반
복하는 상태를 말한다. 성행위 중에 강박증을 갖게 되면 발기가
되지 않을뿐더러 발기가 되었다고 하더라도 금방 발기가 풀어지
게 된다.

강박증은 잠시 나타나는 증상으로 자신의 의지에 의해서 어느
정도 조절이 가능하다. 외부에 의하여 강박 행동을 강제로 중지

하게 될 경우, 처음에는 조절되는 것 같지만 나중에는 불안 증세가 다시 나타나게 된다. 그리고 자신의 강박증이 불합리적인 것이고 나쁜 것인 줄 알면서도 스스로가 통제하지 못하고 발기부전을 반복적으로 하게 된다.

성행위 중에 갖지 말아야 할 강박관념에는 다음과 같은 것이 있다.

첫째, 남자 노인들은 나이가 들면 발기에 더 많은 자극이 필요하고 발기가 오래 지속되지 않는 것이 자연스러운 현상이다. 그런데 이러한 변화에 대해서 불안하거나 발기가 풀어질지도 모른다는 걱정이 많아지면 강박관념이 되어 오히려 성행위를 지속할 수 없게 된다.

둘째, 노인이 되면 사정 자체도 힘들어지는 경우가 많기 때문에 성교를 할 때마다 매번 사정해야 한다는 강박관념도 버려야한다. 성행위 자체에 대해서 만족해야지, 한번 시작했으니 꼭 사정해야 한다는 강박관념은 오히려 마음을 조급하게 만들어 발기가 쉽게 풀어지게 되며, 정신적으로 성행위에 대한 집중력을 떨어뜨려 중간에 멈추게 될 수밖에 없다.

셋째, 성행위를 하면 상대방을 충분히 만족시킬 수 있도록 잘해야 한다는 생각도 부담감이 되어 성행위에 집중할 수 없게 만들고, 발기가 쉽게 풀어지는 원인이 된다.

❽ 자위도 중요한 욕구 해결 방법 중 하나이다

자위행위는 스스로 성기에 자극을 주어 성적 즐거움을 느끼는 방법이다. 이를 '수음법'이라고도 하며 영어로는 '마스터베이션(masturbation)'이라고 한다. 마스터베이션은 마사지(mas)하고, 비틀고(tur), 방출하다(bation)는 어원을 가진 세 단어의 합성어이다. 많은 남성들이 자연스럽게 자위행위를 통해서 성적 긴장을 해소하고, 여성도 5명 중에 1명꼴로 자위행위를 한다고 한다.

사람들이 가장 궁금해하는 비뇨기과 지식 중의 하나가 자위행위로 알려져 있다. 그 이유는 자위행위가 신체적 · 정신적 건강에 나쁜 영향을 미칠 것이라는 잘못된 편견 때문이다. 자위를 하게 되면 정신적인 의존성의 초래, 전립선 질환의 발생, 정액 생성 장애, 생식기의 염증 질환 발생 등, 상상하기 어려울 정도의 부정적인 걱정이 먼저 떠오른다.

그러나 자위행위는 생각만큼 신체적 · 정신적으로 유해한 영향을 끼치지 않는다. 자위행위는 성적 쾌감을 즐기기 위하여 혼자서 하는 일종의 성(性)행위로, 몸에 해롭지 않을 뿐 아니라 때로는 유익한 경우도 있다.

최근 의학 학술지에는 자위행위가 건강에 나쁜 영향을 미치지 않으며, 오히려 남성의 생식에 좋다는 연구 결과가 발표된 바 있다. 즉, 항생제 치료에 듣지 않는 만성 전립선염 환자 34명을 대상으로 6개월간 일주일에 두 번 자위행위를 하게 하고 6개월 후 증상을 다시 살핀 결과, 11%에서 완전히 증상이 없어졌으며, 33%는 확연히 호전을 보였고, 33%는 약간의 호전을 보여, 전체적으로 78%의 환자가 전립선염 증상이 좋아졌다.

그러나 자위는 나쁜 것이라는 고정관념이 있으면 스스로 죄의식에 사로잡힐 수 있으므로 자위를 부정적으로 생각해서는 안 된다. 단, 자위행위가 좋다고 해서 일상생활에 지장을 줄 정도로 너무 자위에 몰두하면 적당한 방법으로 제지하는 게 좋다.

노인의 자위는 숨길 필요가 전혀 없는 행위이다. 그뿐만 아니라 인간은 도구를 사용하는 존재이기에 자위행위에 기구를 이용하는 것 또한 자연스러운 현상이다. 자위 도구를 파는 시장이 점점 커지고 있다. 자위 기구를 구입하는 사람들이 갈수록 늘고 있다는 증거이다.

성별로는 남성이 여성보다 많이 구입하는 것으로 조사되었지만, 여성 또한 자위 기구를 구매하지 않는 것은 아니다. 아직은 자위용품이 부정적이라 할 수 있는 국내에서 이처럼 자위 기구가 조용히 자리를 잡아 간 이유는 무엇일까? 그만큼 자위 도구가 필요한 것이라는 인식이 긍정적으로 확산되었기 때문이다.

행복한 노후를 위한 노인의 성

 노인들에게 올바른 자위와 성인용품의 사용 방법을 투명하게 일러 줘야 하며, 이를 통해 건강한 성생활이 가능해질 것이다. 따라서 노인들에게 자위 도구를 구입하는 방법이나, 자위 도구를 활용하여 자위하는 방법 등에 대한 교육이 필요하다.

 아직까지 노인들은 자위에 대해서 긍정적이지 못하여 관심이 없는 것처럼 보이기도 하지만, 관심이 있어도 자신이 직접 구매하는 것을 창피하게 생각하는 경우가 많다. 이러한 어려움을 해결하기 위해서 일부 성상담사 중에는 상담 중에 자위 도구 구매 및 사용법을 가르쳐 주는 경우도 있다. 그뿐만 아니라 일부 노인 요양원에서는 자위 도구를 비치하여 필요하면 자유롭게 가져다 이용하고 반납할 수 있게 해 놓았다고 한다.

 자위 도구들은 사용자가 본인에게 맞는 도구를 직접 구매하는 것이 맞지만, 직접 구매에 어려움을 느낀다면 인터넷 성인용품 사이트에서 성능이나 사용법, 사용 후기 등을 꼭 읽어 보고 자신에게 맞는 것을 고르는 것이 좋다.

5부

성기능을
개선해 주는 식품

❶ 성기능을 개선시키는 식품

히포크라테스는 "음식으로 고치지 못하는 병은 약으로도 고칠수 없다"라고 했다. 이 말의 의미는 음식으로 모든 병을 고칠 수 있다는 것을 의미한다. 성기능을 개선하는 데도 약보다는 음식으로 해결할 수 있다.

남자 노인들의 성과 관련된 가장 큰 고민은 발기가 잘 안되거나, 발기가 되어도 유지되지 않는 것에 대한 것이었다. 그러나의학 기술의 발달로 이러한 문제를 해결해 준 것이 바로 발기부전 치료제다.

발기부전 치료제는 혈관 확장과 함께 혈액을 많이 흐르게 하는원리를 이용하여 성 기능을 개선하는 효과를 가진다. 그러나 발기부전이 치료된다고 해도 성욕이 없다면 아무 소용이 없다. 이러한 문제를 해결할 수 있는 것이 바로 우리가 자주 먹고 있는 식품들 중에 존재한다.

따라서 발기부전 치료제를 먹지 않고도 특정한 식품으로 먹게되면 성적 욕구를 불러오고 성 기능을 개선할 수 있게 된다. 그리고 무기력해져서 성적 욕구가 전혀 생기지 않을 때에도 특정한식품을 먹게 되면 성적 욕구를 불러오게 할 수 있다. 이러한 음식을 '섹스 푸드'라고 한다.

특정한 식품들은 직접적으로 발기부전을 치료하지는 않아도 성 개선에 일정 부분 영향을 미치며, 성적 욕구를 자극하고, 성 행위에 필요한 에너지를 보충해 주는 효과를 가지고 있어, 발기 부전 치료제보다 더 많은 효과가 있다.

실제로 성 영양 연구자들은 특정 식품들은 성적 욕구를 자극하고 성기능을 개선하는 데 단순히 발기만 시키는 발기부전 치료제보다 더 좋은 효과가 있다고 말한다. 그리고 무엇보다 특정 식품이 좋은 이유는 발기부전 치료제를 복용하고 나면 안면홍조, 소화 장애, 두통 등의 부작용이 있지만, 특정 식품들은 자연에서 얻어진 것이므로 부작용이 없으며, 안전하게 먹을 수 있다는 장점 때문이다. 게다가 다른 영양소까지 들어 있어서 몸의 건강을 유지하는 데 일석이조의 효과가 있다.

성기능을 개선하는 데 효과가 있는 식품은 등 다음과 같이 8가지가 있다.

마늘   토마토   초콜릿   석류

| 굴 | 블루베리 | 호박씨 | 아몬드 |

❷ 신비한 효능을 가진 마늘

마늘은 우리가 먹는 음식 중에서 매운맛을 내는 향신료로 사용한다. 마늘은 한국, 중국 등 아시아 나라들에선 예로부터 요리에 자주 쓰이는 식재료이며, 자양강장식품으로도 널리 사용되어 왔다.

특히 우리나라에서는 단군신화에 곰이 마늘과 쑥을 먹고 사람이 되었다는 하여 예전부터 마늘의 신비성과 함께 기초적으로 약용식물로 활용되어 왔음을 알 수 있다. 또 고대 그리스에서도 올림픽의 마라톤 주자들이 마늘을 씹으면서 뛰었다 하고, 고대 이집트에서도 피라미드를 세운 사람들에게 노동력을 높이기 위하여 마늘을 먹인 것으로 전해지고 있다. 서양에서는 귀신을 쫓아내는 신성한 도구로 사용하기도 하였다.

불교에서도 마늘을 익혀 먹으면 성욕이 발동하고 날것으로 먹으면 마음속에 열기가 생긴다고 하여 마늘은 수도 과정에서 금기하였고, 도교에서도 마늘은 성욕을 강화시켜 수련을 방해한다고 하였다.

마늘의 우수한 효능이 과학적으로 밝혀지기 시작하면서 미국과 유럽에서는 마늘 제품이 훌륭한 의약품으로서 동맥경화 등에 사용되고 있다.

한방에서도 마늘은 예로부터 노화를 예방하는 물질과 동맥경화를 예방하는 물질로 규정하였다. 마늘은 혈관세포의 신진대사를 원활케 하여 탄력성을 제고하고, 끈끈해진 혈액을 맑게 하여 유연하게 만들어 주기 때문에 동맥경화를 예방할 수 있다. 발기부전의 원인 중에서 가장 많은 것이 동맥경화인데, 이러한 동맥경화를 줄여 주는 것만으로도 발기부전을 치료할 수 있다.

마늘에 가장 많이 들어 있는 성분은 알리신(allicin)이며, 알리인(allin)과 스코르디닌(scordinin) 등이 함유되어 있다.

☑ 알리신(allicin)

알리신은 알리인(allin)과 효소 알리나제(allinase)의 결합에 의하여 생성되는데, 여러 물질과 용이하게 결합하는 성질을 가지고 있으며 특히 체내에서는 지방, 당, 단백질과 결합하여 새로운 물질이 되어 인체에 여러 가지로 유익하게 작용한다. 알리신은 살균 효과, 항혈전 작용, 신진대사 촉진, 노화 방지 기능을 한다.

☑ 알리인(allin)

단백질이며, 자체 마늘 특유의 냄새가 나지는 않으나 표면에 상처를 났을 때 특유의 냄새가 난다. 이것은 알리인이 효소 알리나제의 작용에 의해 알리신이라고 하는 휘발성으로 황을 포함한 단백질로 변하기 때문이다. 체내의 활성산소를 제거하는 항산화 작용으로 노화를 억제하는 역할을 한다.

☑ 스코르디닌(scordinin)

스코르디닌은 무취이며, 일정한 농도에서 혈압을 낮추고 심장의 수축과 확장을 조절하는 작용을 한다. 또 혈중 콜레스테롤 량을 낮추어 동맥경화증, 지방간을 예방하며 항암에도 도움을 준다. 그 외에도 체력 증진, 성장 촉진, 강장 효과와 근육 증강 효과가 있다.

| ❸ 노화를 방지해 주는 토마토 |

토마토만큼 세계 각국의 식탁에서 골고루 사랑받고 있는 식품도 드물 것이다. 토마토는 이미 오래전부터 비만, 고혈압, 당뇨

병 등의 식이요법에 이용되어 왔으며, 야채이면서 과일의 특성을 고루 갖춘 우수한 알칼리성 식품이다. 서양에선 토마토가 샐러드나 요리 재료로 이용되지만 한국에서는 식후 과일로 먹는 경우가 많다.

미국 시사주간지 『타임』은 토마토를 21세기 최고 식품으로 선정했다. 최고의 식품이라는 것은 토마토 자체가 가지고 있는 식물적 특성과 영양이 풍부한 것은 물론, 사람이 추구하고자 하는 건강을 지켜 주는 보약과 같은 식품이라는 것이다.

토마토는 만병통치약이라 할 수 있을 만큼 그 쓰임새가 많다. 영국에서는 '사랑의 사과(love apple)'라고 하며, 정력에 효과가 있는 식품으로 알려져 한때 수난을 겪기도 했었다.

또 서양에서는 '토마토가 빨갛게 익으면 의사의 얼굴이 파랗게 질린다'는 속담이 있다. 토마토를 먹으면 병을 앓을 일이 없어 의사를 찾지 않기 때문이라는 얘기다. 이처럼 토마토의 효능을 단언할 정도이니, 토마토에 대한 서구인들의 믿음이 얼마나 큰지 알 수 있다.

토마토는 발기부전의 원인인 당뇨병과 고혈압을 예방하는 효과가 있으며, 활성산소를 배출하는 효과를 가지고 있어, 성기능 개선 효과가 있다. 토마토에 함유된 각 성분의 효능은 다음과 같다.

☑ 토마토의 빨간 색소에 들어 있는 카로티노이드는 분자 속

에 산소를 함유하지 않기 때문에 인체 세포의 노화를 막아
준다.

☑ 토마토에 들어 있는 비타민 C는 혈액을 재생하는 역할과, 모세관 벽을 튼튼하게 한다.

☑ 토마토에는 글루타메이트(Glutamate)가 들어 있는데, 이 글루타메이트는 신체에 신속하게 대량 흡수되는 장점이 있다. 글루타메이트는 근육 피로의 요인인 젖산 생성을 막아 피부 노화를 예방하는 역할을 한다.

☑ 토마토의 라이코펜은 이런 활성 산소의 작용을 억제하여 피부 노화를 예방할 뿐만 아니라 발기부전을 예방한다.

☑ 토마토에 함유되어 있는 펩틴(pectin)은 혈관 벽에 이물질인 콜레스트롤의 양을 저하시켜 준다.

☑ 토마토에는 모세혈관을 강화하고 혈압을 낮추는 비타민 C 와 루틴이 풍부하다.

☑ 토마토를 많이 먹으면 방광염의 증상을 가라앉히고 신진대사를 촉진시켜 당뇨병을 예방하는 효과가 있다.

토마토의 가장 탁월한 성분은 리코펜(Lycopen)이다. 토마토의 붉은색을 내는 물질인 리코펜은 세포의 대사에서 생기는 활성화 산소와 결합해 이를 몸 밖으로 배출하는 역할을 한다.

리코펜의 흡수 과정에서 지방을 필요로 하는 기름에 잘 녹는

지용성이기 때문에 생토마토보다 기름으로 조리한 토마토를 먹거나 지방성분과 함께 먹으면 더 잘 흡수된다. 토마토주스를 아무리 많이 마셔도 체내 리코펜 농도는 큰 차이가 없지만, 기름으로 가볍게 조리한 토마토를 먹으면 곧바로 혈중 리코펜 농도가 2~3배로 뛰어오른다.

| ❹ 기분을 좋게 하는 초콜릿 |

초콜릿의 원료는 카카오 원두이다. 카카오는 3,000년 전부터 멕시코와 중앙아메리카, 남아메리카 지역에서 재배되었다. 멕시코 원주민들은 카카오를 음료 또는 약용으로 사용하였으며, 옥수수처럼 귀히 여겨 화폐처럼 유통되기도 하였다.

초콜릿이 유럽에 전파된 것은 신대륙을 발견한 콜럼버스에 의해서이다. 19세기 초에 들어와 카카오에서 지방분의 압착, 설탕 혼합 및 고형화에 성공하여 현재와 같은 초콜릿의 원형을 만들어냄으로써 맛좋은 과자로 등장하게 되었다.

초콜릿은 가공성형이 자유로워 어떠한 것이라도 그 속에 넣을 수 있고, 다른 것의 속에도 넣을 수 있으므로 종류가 많으며, 계속해서 신제품이 개발되고 있다.

다크초콜릿의 경우 100g당 약 550㎉의 열량을 내며, 탄수화물 61.4g, 지방 31.8g, 단백질 4.4g, 무기질(칼륨 620㎎, 인 140㎎, 나트륨 43㎎, 칼슘 34㎎과 소량의 철·아연 등)의 영양소로 이루어져 있다.

초콜릿의 주성분인 카카오에는 항산화물질인 폴리페놀이 풍부한데, 같은 양의 적포도주보다 2배, 녹차보다 3배, 홍차보다 5배 이상의 폴리페놀이 함유되어 있다고 알려져 있다. 폴리페놀은 동맥경화, 암, 노화 등의 원인이 되는 활성산소를 억제하고, 피를 맑게 하고 혈압을 낮춤으로써 협심증이나 심근경색 같은 심혈관 질환과 고혈압 등을 예방하며, 스트레스나 알레르기 등에도 효과가 있는 것으로 보고되었다. 또 뇌의 주요 부위의 혈류를 도와줌으로써 노인성 치매나 뇌졸중에도 효과가 있다고 한다.

초콜릿을 천연 최음제라고 부르는 이유는 다음과 같다.

☑ 페닐에틸아민 성분은 뇌 신경세포에서 도파민을 분비시켜 성적 흥분을 일으키고, 성적 쾌감을 빠르게 높여 준다.

☑ 테오브로민 성분은 행복 호르몬인 엔도르핀의 분비량을 늘리는 효과가 있다.

☑ 트립토판은 성관계를 할 때 세로토닌을 분비시켜 기분을 좋게 하고, 가슴을 뛰게 만든다.

☑ 메틸잔틴은 피부를 민감하게 만들어 성적 자극을 높여 준다.

초콜릿에는 발기부전의 원인인 고혈압을 예방하는 효과가 있으며, 활성산소를 억제하는 효과를 가지고 있어, 성적 자극을 높여 주고, 기분을 좋게 하는 성기능 개선 효과가 있다. 그래서 동서양을 막론하고 초콜릿은 남녀 간의 사랑의 징표로 여겨 각종 기념일에 선물로 주고 있다.

❺ 여성에게 좋은 석류

석류의 원산지는 이란인데, 전 세계적으로 전파되어 재배되고 있다. 석류는 『동의보감』에 '따뜻한 성질을 가지고 있으며 맛은 시고 달다'라고 기록되어 있으며, 껍질 부분은 지사제로 사용했다.

석류에는 여성호르몬인 에스트로겐과 유사한 호르몬 3종이 들어 있다. 뼈 건강에 도움을 주어 골다공증을 예방하는 에스트라

디올, 자궁 건강에 좋은 영향을 주어 생리 불순에 효과가 있는 에스트리올, 체지방 감소를 촉진하는 에스트론 등이다. 이 호르몬들은 섭취 즉시 빠르게 갱년기 증상을 완화시키는 효과를 가지고 있지만, 이는 대량 섭취를 전제로 하기 때문에 현실적으로는 어렵다.

그리고 석류에 함유되어 있는 엘라그사 성분은 피부의 수분을 유지하여 보습 효과가 있으며, 타닌과 비타민이 많이 들어 있어서 피부의 탄력을 높이는 데 도움이 된다.

석류에는 여성의 몸에 좋은 여성호르몬이 함유되어 있고, 열량과 지방 함량도 낮아 다이어트에 좋아 이집트의 클레오파트라나 중국의 양귀비가 애용하였다고 한다. 이처럼 석류는 여성들에게 좋은 점이 너무 많기 때문에 '여성의 과일'이라고 불리지만, 사실은 성별에 관계없이 남녀노소 누구에게나 좋다.

영국 퀸 마거릿 대학교의 연구 결과 2주간 석류를 섭취한 남녀 지원자 58명 모두 성욕을 향상시키는 호르몬인 테스토스테론 수치가 16~30% 증가한 것으로 나타났다. 그뿐만 아니라 석류의 항산화 물질이 혈액 순환을 돕기 때문에 고혈압을 예방하는 효과가 있으며, 활성산소를 배출하는 효과를 가지고 있어, 성기능 개선 효과가 있다.

| ❻ 천연 강장제 굴

굴은 고대 로마의 황제들이 즐겨 먹
었고, 나폴레옹은 전쟁터에서도 먹었
으며, 독일의 재상 비스마르크, 희대
의 바람둥이인 카사노바가 즐겨 먹은
음식으로 유명하다. 굴은 세계 곳곳에
서 많이 나며 종류가 80여 종에 이른
다. 나라나 민족마다 먹는 방법이 조금씩 다르지만 어디서나 신
선한 것은 날로 먹는다.

굴은 '바다의 우유'라고 불리는데 이는 굴이 영양학적으로 완전
식품에 가깝다는 의미로, 실제로 굴에는 몸에 좋은 영양소들이
많이 들어 있다. 굴의 효능은 다음과 같다.

- ☑ 단백질을 구성하는 아미노산 중에 라이신과 히스티딘이 많
  아 곡류에 부족한 아미노산을 보충할 수 있다.
- ☑ 당질은 글리코겐 형태로 많이 들어 있어 소화 · 흡수가 잘되
  므로 회복기 환자나 노인, 아이들에게도 두루 좋다.
- ☑ 철분, 아연, 칼슘, 인 등이 고루 들어 있어 빈혈 치료에도
  아주 좋다.
- ☑ 타우린, 셀라늄은 콜레스테롤을 개선해 주어 고혈압, 동맥

경화, 심장병 등의 성인병 예방에 좋다.

☑ 아연은 성기능과 생식력에 가장 중요한 미네랄이다. 남성
이 한번 사정할 때 약 5㎎의 아연을 소비하기 때문에 건강
한 정자 생산을 위해서 아연을 섭취해야 한다.

☑ 굴은 100g당 97㎉ 정도의 열량을 내기 때문에 다이어트에
좋다.

굴은 발기부전의 원인인 고혈압, 동맥경화를 예방하는 효과가
있으며, 성기능과 생식력 개선 효과가 있다.

굴은 몸에 좋다고 해서 아무 때나 먹는 것이 아니라 10월에서
3월까지가 먹기에 좋으며 추울수록 맛있다. 굴은 수분이 70%를
차지하므로 너무 많이 가열하면 수분이 다 빠져 버려 쪼그라들
면서 단단해져 맛이 없다. 어떤 음식을 만들든지 다른 재료가 다
익고 나서 마지막에 넣어 재빨리 잠깐만 익히는 것이 좋다. 굴은
레몬과 함께 먹으면 철분 흡수율이 높아지고 굴의 비릿함도 가시
게 하는 효과가 있다.

❼ 혈관을 강하게 해 주는 블루베리

블루베리의 원산지는 북아메리카인데 지금은 세계적으로 전파

되어 재배되고 있다. 북미 대륙
의 인디언들은 옛날부터 블루베
리를 식품으로 사용하였으며, 열
매와 잎의 엑기스는 괴혈병, 당
뇨병, 비뇨기 질환 등의 치료에
사용하였다.

블루베리에는 푸른색으로 상징되는 안토시안 색소, 새콤달콤
한 당분, 점성이 있는 펙틴, 은은한 향기 등이 있다. 또한 블루
베리는 100g당 4.5g의 식이섬유가 들어 있으며 칼슘, 철, 망간
등이 많이 함유되어 있다.

블루베리는 발기부전의 원인인 콜레스테롤이 흡수되는 것을
막아 고혈압을 예방하는 효과가 있으며, 혈관을 확장시켜 발기
력을 강하게 하는 성기능 개선 효과가 있다. 블루베리의 효능은
다음과 같다.

- ☑ 블루베리는 체내에서 쉽게 녹는 섬유소를 갖고 있어 우리
  몸에 콜레스테롤이 흡수되어 혈관 벽에 쌓이는 걸 방지해
  준다.
- ☑ 혈관 수축을 막고 혈액 순환을 돕는다.
- ☑ 혈관을 확장시키는 성분인 D-마노스가 다량 함유되어 있
  어 남자의 성기에 많은 양의 혈액을 공급하여 발기력이 강

해진다.

☑ 성욕을 감소시키는 요로 감염증 예방에도 효과가 탁월하다.

☑ 섬유질 성분은 혈당 수치를 조절해 주어 포도당의 수치를 내려 주는 데에 효과가 있다.

☑ 안토시아닌 색소는 단백질의 노화를 억제시켜 시력 개선 효과가 탁월하며 망막염과 백내장의 예방에 유효하다. 그리고 활성산소를 중화시켜 노화를 방지해 준다.

☑ 비타민과 미네랄 등의 영양소들은 뇌세포를 보호하고 중추신경계의 건강을 회복시키는 데 도움을 준다.

블루베리는 오랫동안 상온에 놔두게 되면 수분이 점점 빠지면서 마르기 때문에 밀폐 용기에 넣어 냉장 보관하는 것이 좋다. 블루베리를 먹을 때는 하루에 20알 정도가 적당하다. 블루베리는 식후에 먹는 것보다 공복일 때 먹는 것이 훨씬 좋다.

| ❽ 피로 회복에 탁월한 호박씨 |

최근 호박씨는 웰빙 식품으로서 불포화 지방산이 풍부하여 찾는 사람이 많아졌다. 호박씨는 영양이 풍부하며 먹기가 간단하여 호박의 재배와 함께 먹기 시작한 식품이다. 호박씨는 식이섬

유는 물론 레시틴, 마그네슘, 아연을 풍부하게 함유하고 있는 영양이 풍부한 식품이다.

영국의 한 TV 프로그램에서 호박씨가 여성의 성적 능력과 임신 가능성을 높여 주는 것을 포함하여 다이어트에 효과가 있어서 '여성을 위한 비아그라'라고 소개한 바 있다. 호박씨의 효능은 다음과 같다.

☑ L-트립토판 성분이 풍부하여 성적 흥분을 일으키는 신경전달 물질인 세토토닌 분비를 촉진한다.

☑ 카로티노이드 성분과 오메가산 등이 전립선 비대 치료에 효과적이다.

☑ 미네랄을 충분히 공급해 뼈를 튼튼하게 한다.

☑ 레시틴은 혈액 순환을 돕고 혈관에 달라붙어 있는 콜레스테롤을 녹이는 작용을 해 뇌의 노화와 치매 예방에 탁월한 효과가 있다.

☑ 비타민 E가 풍부하고 정서적 안정과 피로 회복에 좋다.

☑ 단백질과 지방산이 주성분으로 식용유의 원료로도 쓰인다.

☑ 질 좋은 불포화지방산이 많아 약용으로도 쓰인다.

호박씨는 깨끗이 씻어 통풍이 잘되고 그늘진 곳에 잘 널어 말려 이물질을 제거한다. 보관할 때는 습기에 약하므로 통풍이 잘되는 곳에 보관하거나 냉동 보관한다.

호박씨를 날것으로 먹을 때는 겉의 얇은 껍질을 벗겨 먹으면 되는데, 기름에 볶거나 말리면 겉껍질이 잘 벗겨져 먹기가 쉽다.

❾ 남성에게 좋은 아몬드

아몬드는 불포화 지방산과 비타민 E가 풍부하여 피부 미용에도 좋으며, 철분이나 칼슘도 풍부해 건강에 좋다. 조미된 열매는 안주나 샐러드에 넣

어 먹으며, 얇게 잘라 제과용으로도 많이 사용한다. 투명한 오일은 달콤한 향기가 나고 에센셜 오일의 희석용이나 허브 오일의 원료로 사용한다. 아몬드는 발기부전의 원인인 고혈압을 예방하는 효과가 있으며, 성기능 개선 효과가 있다. 아몬드의 효능은 다음과 같다.

☑ 혈관에 염증을 일으키고 혈관 벽을 두껍게 하는 콜레스테롤

의 수치를 낮춰 준다.
- ☑ 활성산소를 억제시켜 피부암을 예방에 도움이 된다.
- ☑ 식이섬유가 많아 체내에 있는 독소를 배출시켜 주고 배변 활동을 원활하게 해 준다.
- ☑ 리보플라빈과 엘카르니틴은 인지 지능의 저하를 예방해 주기 때문에 치매나 뇌질환을 예방해 준다.
- ☑ 마그네슘과 필수지방산이 풍부하여 성호르몬 생산에 효과가 있다.
- ☑ 비타민 B_3(나이신 등)는 순환계의 모세혈관 벽의 유연성을 증가시켜 혈액이 음경 주위에 몰리도록 해 발기를 돕는다.
- ☑ 비타민 E는 강력한 산화 방지제 역할을 한다.

아몬드는 다른 음식의 냄새를 잘 흡수하기 때문에 반드시 밀봉하여 보관해야 한다. 그리고 섭취 전에 마른 행주로 표면의 염분이나 이물질을 닦아 내고 섭취하는 것이 좋다. 아몬드를 먹을 때는 하루에 5알 정도가 적당하며, 통째로 섭취하거나 슬라이스하여 부재료로 이용하거나 우유와 함께 갈아 마시기도 한다.

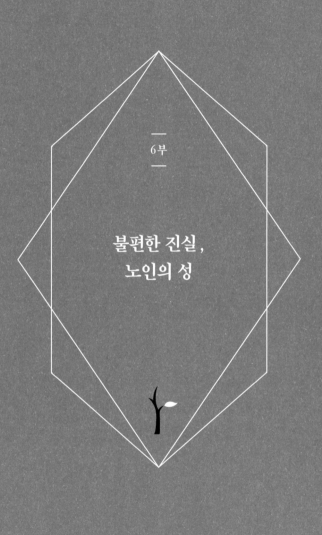

6부

불편한 진실,
노인의 성

❶ 어디까지가 성폭력인가?

노인 성범죄가 증가하고 있는 상황에서 무엇이 성폭력인지, 어디까지가 성폭력에 해당하는지 모르는 경우가 많다. 성폭력과 관련하여 성범죄, 성희롱, 성추행, 성폭행 등의 단어가 혼용되어 사용되고 있을 뿐만 아니라, 성폭력의 유형에 따라서 처벌에서도 서로 다른 법의 적용을 받게 된다. 그렇기 때문에 법률 전문가가 아니고는 정확한 이해를 하지 못하거나, 잘못 이해하여 실수로 저지른 일에 대해서 처벌을 받게 되는 경우가 많다.

노인의 성폭력을 방지하기 위해서는 먼저 성폭력과 관련된 단어들의 정확한 의미를 이해해야 한다.

[1] 성폭력

성폭력의 사전적 의미는 성희롱이나 성추행, 성폭행 등을 모두 포괄하는 개념으로 '성을 매개로 상대방의 의사에 반해 이뤄지는 모든 가해 행위'를 뜻한다. 즉, 성폭력은 자신의 의사에 관계없이 물리력을 동반한 강제로 이루어지는 성과 관련된 신체적 폭력으로 성희롱이나 성추행, 성폭행을 모두 합쳐 부르는 말이다. 따라서 성폭력이란 매우 복합적이며 다양한 개념이다.

성폭력의 개념을 정확히 이해하기 위해서는 성폭력에 해당되는 행위를 알아야 한다. 성폭력에 해당되는 행위를 보면 다음과 같다.

행복한 노후를 위한 노인의 성

유형	내용
강간	폭행·협박으로 성기를 상대방의 성기에 강제 삽입하는 행위
유사강간	폭행·협박으로 구강·항문 등 신체(성기 제외)에 성기 삽입하는 행위나, 성기·항문에 손가락 등 신체(성기 제외) 일부 또는 도구를 넣는 행위
강제추행	폭행·협박으로 가슴·엉덩이·성기 부위 접촉 행위, 키스, 음란 행위, 성기 노출 등 성적 수치심을 가지게 하는 행위
준강간·준강제 추행	폭행·협박 없이도 술·약물에 취하거나 깊은 잠에 빠져 이미 저항이 곤란한 상태에 있는 피해자를 간음·추행하는 행위
위계, 위력에 의한 간음	미성년자·장애인·업무상 피감독자(성적 자기결정권 행사 곤란)에게 착각·오인·부지를 일으켜 범행(위계)하거나, 사회적·경제적·정치적인 지위나 권세를 이용하여 (위력)간음, 추행하는 행위
미성년자 의제강간/ 추행	13세미만의 미성년자를 간음하거나 추행하는 행위 ※ 폭행, 협박, 위계, 위력 유무, 합의 불문
공중밀집 장소에서의 추행	대중교통수단, 공연·집회 장소, 그 밖에 공중(公衆)이 밀집하는 장소에서 사람을 추행하는 행위
성적 목적을 위한 공공장소 침입	성적 욕망을 만족시킬 목적으로 공중화장실·목욕장 등 공공장소에 들어가거나 퇴거 요구를 받고도 불응하는 행위
통신매체 이용 음란 행위 (사이버성폭력)	성적 욕망을 유발·만족 목적으로 통신매체를 통하여 그러한 말·음향·사진·그림·물건 등을 상대방에게 도달하게 하는 행위

[2] 성희롱

성희롱은 직장 또는 사회 조직 내에서 상대방 의사에 반하는 성과 관련된 언어나 행동으로 상대방이 성적 수치심을 느끼거나 불쾌한 감정을 갖게 하는 일체의 행위를 말한다.

성희롱에 의해서 법적인 처벌을 받으려면 종사자, 사용자 또는 근로자가 그 직위를 이용하여 또는 업무 등과 관련하여 성적 언동 등으로 성적 굴욕감 또는 혐오감을 느끼게 하거나 성적 언동 또는 그 밖의 요구 등에 따르지 아니한다는 이유로 고용상의 불이익을 주어야 한다. 학교에서는 관리자나 동료 교사들이 교사들을 대상으로 상대방 의사에 반하는 성적 언어나 행동 등으로 성적 굴욕감 또는 혐오감을 느끼게 하는 것을 말한다.

따라서 직장을 다니지 않는 노인들이 불특정의 사람의 신체를 접촉했다고 해서 성희롱했다는 말은 잘못된 표현이고, 성추행한 것이라고 해야 한다. 성희롱의 유형을 보면 다음과 같다.

〈표 6-2〉 성희롱 유형

유형	내 용
성희롱	업무 또는 고용, 기타 관계에서 성적 언동 등으로 성적 굴욕감, 혐오감을 느끼게 하거나 성적 언동 또는 그 밖의 요구에 따르지 않았다고 불이익을 주는 행위
성학대	보호하거나 양육하는 대상인 청소년에 대한 성적 가혹 행위
성매매	불특정인을 상대로 금품이나 그 밖의 재산상의 이익을 수수하고 성행위를 하는 경우 성폭력에 해당되는 행위

[3] 성추행

성추행은 일방적으로 성적 만족을 얻기 위하여 '폭행이나 협박'을 수단으로 신체 접촉을 가함으로써 상대방에게 성적 수치심을 불러일으키는 행위를 말한다. 성추행은 강제로 이루어지기 때문에 강제추행이라고 하며, 「성폭력범죄의 처벌 등에 관한 특례법」에서는 공중밀집장소에서의 추행은 폭행 혹은 협박, 항거 불능 등의 기준 없이도 성추행에 해당된다. 성추행의 경우 거의 가해자를 남자로 염두에 두는 것이 대부분이지만, 행위 객체에 있어 남녀노소 및 혼인 여부를 묻지 않는다.

성추행범은 「형법」의 적용을 받는데, 「형법」 제298조에 의하면 강제추행한 자는 10년 이하의 징역 또는 1,500만 원 이하의 벌금에 처하게 되어 있다. 성희롱과 성추행의 차이는 성희롱은 자신의 의사에 반하여 행해지는 것을 말하나, 성추행은 '폭행이나 협박'을 수단으로 '추행'하는 것을 말한다.

[4] 성폭행

성폭행은 강간과 강간 미수를 말하며, 강간을 완곡하게 표현한 말이다. 강간은 폭행·협박에 의하여 상대방의 반항을 곤란하게 하고 상대방의 성기에 강제로 성기를 삽입하는 행위를 말한다. 강간 미수는 강간을 시도하려다 이루지 못하고 중간에 그치는 것을 의미한다. 성폭행 피해자와 가해자는 성 구별 없이 발생하며 최근에는 부부간에도 성폭력 인정 사례가 많아지고 있다.

성폭행은 벌금이 없는 중형으로, 「형법」제297조에 따라 강간한 자는 3년 이상의 유기징역에 처하게 된다. 「형법」 제297조의 2(유사강간)에서는 폭행 또는 협박으로 사람에 대하여 구강, 항문 등 신체(성기는 제외한다)의 내부에 성기를 넣거나 성기, 항문에 손가락 등 신체(성기는 제외한다)의 일부 또는 도구를 넣는 행위를 한 사람은 2년 이상의 유기징역에 처하게 되어 있다. 강간 미수죄는 도중에 행위를 멈추었다고 하더라도 강간과 동일하게 처벌을 받게 된다.

| ❷ 노인 성매매가 증가하고 있다 |

성적 욕구는 젊은이들에 한정되지 않는다. 엄연히 노인들도 관심의 대상이다. 다만 여성들은 배우자의 일방적인 성관계 요구

행복한 노후를 위한 노인의 성

를 받거나, 성적 활동을 멈춘 경우가 많다. 그러나 남성들은 건강의 증진과 함께 발기부전 치료제가 범람함에 따라 불규칙적으로 성욕이 일어나는 경우가 많다. 문제는 여성들은 그렇지 않은 경우가 많다는 점이다. 배우자가 있는 노인들의 성생활 문제도 그러하지만, 고령화 사회에서 배우자 없는 노인에 대한 사회적 관심도 절대적으로 필요한 시점이다.

실제로 노인들의 정상적인 성 욕구는 정상적으로 인정받지 못해 왔기 때문에 노인들을 상대하는 특수층도 생겨나고 있다. 실제로 서울 종로구 종묘공원에는 점심시간 정도가 되면 깔끔한 정장을 차려입은 50~60대 아줌마들이 하나둘씩 나타난다고 하는데, 대략 100여 명 정도라고 한다. 노인들의 성매매 또한 실정법상 명백한 불법이다. 하지만 단속의 손길은 거의 미치지 못하는 실정이다.

음지로 숨어든 노인의 잘못된 성적 욕구는 도심에서는 성매매로 인해 충족되기도 하지만, 지방은 티켓 다방(불법업소)이나 심지어는 동네의 지적장애 여성, 미성년자를 대상으로 한 강간 사건도 발생하고 있다.

사정이 이렇다 보니 실제로 노인들의 성병, 에이즈 발병률과 더불어 노인들의 성폭력이 최근 들어 급속히 늘고 있는 추세다. 노인 성폭력은 일반 성인들에 나타나는 성폭력에 비해서 크게 다

르게 나타나지 않는다. 성매매를 하다 검거되는 노인들도 점점
늘어나고 있다.

2016년 경찰청이 국회 안전행정위원회 소속 홍철호 의원에게
제출한 '연도별 성매매 사범 단속 현황'에 따르면 2006년 34,795
명에서 2009년 71,953명까지 늘었다가 이후 감소해 2015년에는
20,097명이었다. 검거 인원 중 특이한 것은 51~60세는 1,655
명에서 2,775명, 61~70세는 392명에서 831명, 71세 이상은
132명에서 219명으로 노인 성매매가 꾸준히 증가하고 있다는 점
이다.

특히 61세 이상 노인들의 성매매 사범은 거의 배로 증가해 오
히려 나이가 들수록 성매매가 심각한 것으로 나타났다. 또한 나
이가 점점 많이 들수록 성매매 경험 집착이 더욱 강해지는 것으
로 나타났다.

〈표 6-3〉 성매매 사범 연도별 연령별 검거 현황

(단위 : 천 명)

연도	51~60세	61~70세	71세 이상
2006년	1,655	392	132
2015년	2,775	831	219

__ 자료 출처 : 경찰청

노인 성매매의 대명사인 박카스 아줌마는 노인 빈곤, 외로움,

행복한 노후를 위한 노인의 성

성 등이 표출된 것이다. 경찰청에서는 내국인 성매매 아줌마들이 경찰 단속 강화로 줄어들었다고 하는데, 경제적으로 빈곤하여 성매매에 참여하는 박카스 아줌마들을 지속적으로 단속하기에는 한계가 있다는 것이다. 그리고 단속을 심하게 하면 내국인 매수자는 줄지만, 그 빈자리를 조선족, 중국동포 등이 채우고 있어 총량이 줄어들지 않는다는 것이 문제다.

따라서 성매수자에 대한 단속과 처벌 강화로 이 문제를 해결하려고 하지만, 노인 빈곤이나 노인 성 문제 등에 대한 근본적인 해결 없이 때려잡기 식으로 접근한다면, 박카스 아줌마는 사라지지 않을 것이다.

❸ 노인의 성폭력 이대로 둘 수 없다

일반적으로 사람들은 노인의 성에 대해서 잘못된 편견을 가지고 있다. 그래서 '노인들은 성에 관심이 없으며, 성적 흥분에 도달할 수 없다'는 생각을 갖는 경우가 많다. 그러나 실제로 의학자들은 성생활은 젊었을 때보다 둔감해지기는 하지만 성욕은 줄어들지 않고, 오히려 나이가 들고 성기능이 감퇴될수록 성욕이 강해지는 경우도 있다고 말한다. 사정이 이렇다 보니, 노인 범죄나 노인 성폭력이 점정 증가하고 있는 것은 부인할 수 없는 현실이다.

경찰청이 2019년 10월 14일 국회 행정안전위원회 소속 김한정 의원(더불어민주당, 남양주을)실에 제출한 자료에 따르면 지난 5년 간 65세 이상 노인 범죄가 37.5% 증가한 것으로 나타났다. 범죄 유형별로는 강간·추행, 폭행, 협박, 횡령, 마약, 교통 범죄가 대폭 증가해 일반 범죄 유형과 다르지 않다.

65세 이상 노인이 일으킨 범죄는 지난 2014년 8만7,583건이 발생했으며, 해마다 꾸준히 증가하여 2018년에는 11만9,489건을 기록했다. 범죄 유형별로는 2014년에 비하여 강간·추행 사건은 58.8%가 증가하였으며, 폭행 69.8%, 협박 371.3%, 손괴 63.2%, 횡령 73.8%, 성풍속범죄 70.2%, 마약 165.1%, 교통 24.5% 등으로 뚜렷한 증가세를 보였다.

경찰청이 제공한 자료를 보면 성폭력과 관련된 강간·추행 사건은 5년간 58.8%나 증가하였으며, 성풍속범죄도 70.2% 증가 하였다. 이러한 결과를 보면, 노인 성폭력이 그만큼 심각한 사회 문제라는 점을 알 수 있다.

일반적으로 노인들이 나이도 많이 들고 세상을 살 만큼 살았기 때문에 도덕적일 것이라는 생각에서 범죄를 저지르지 않을 것으로 여기지만, 현실은 심각할 정도로 노인의 성폭력과 강력 범죄들이 증가하고 있는 실정이다. 실제로 노인들에 의한 성폭력 사례를 보면 다음과 같다.

행복한 노후를 위한 노인의 성

- 강원도 경찰서에서는 A(65)가 전국 농촌 마을회관을 돌며 노인들을 대상으로 불법 의료 행위를 해 3억여 원의 이득을 챙기고 여성 환자들을 성추행한 혐의를 받고 있는 A(65)씨를 구속했다.

- 울산에서 가스점검 여성 노동자가 가정 방문을 해서 가스 검침을 하는데, 집주인(75세)이 다가와서 엉덩이를 만지고, 자기 성기를 몸에다가 문질러서 성폭행 미수로 경찰에 신고하였다.

- 충남 예산에 사는 김 모 씨(64)는 보험설계사(40)를 자신의 집으로 유인한 뒤 흉기로 위협하며 하루 동안 성폭행을 일삼았다. 그리고 같은 동네에 사는 70대 할머니를 성폭행하려다 미수에 그친 사건도 같이 저질렀다.

- 서울에서 재가 요양보호사로 활동하고 있는 B씨는 재가 요양 보호 서비스를 위해 가정 방문을 했는데, 치매에 걸려 거동이 불편한 환자 A씨(78세)가 '안아 보자'라는 말을 하면서 B씨의 몸을 만졌다. B씨는 거부의사를 표현했지만 A씨가 계속 만졌고, 결국 B씨는 A씨를 경찰에 성추행으로 고발하였다.

- 광주광역시에서 추 씨(76세)가 금남로 지하상가에서 쇼핑을 하던 중학교 1학년 A양(14세) 등에 "너희들과 원조교제를 하

고 싶다. 모텔로 가서 시키는 대로 하면 이 돈을 주겠다. 너희
가 잘하며 50만 원도 줄 수 있다." 하여 경찰에 고발돼 미성
년자 추행 목적 유인 혐의로 불구속 입건되었다.

- 경기도의 실버타운에서 조리사로 일하고 있는 A씨는 아내와
  함께 시설에서 생활하는 B씨로부터 "너무 예쁘다"는 말을 들
  었다. B씨는 A씨를 감싸 안으며 "데이트하자. 시간이 언제 되
  니?"라고 물었고, 깜짝 놀란 A씨에게 입을 갖다 대며 성추행
  했다. A씨는 성희롱과 성추행을 당했다며 B씨를 고소하였고,
  B씨는 징역 10월에 집행유예 2년을 선고받았다.

- 경기도의 한 아파트 단지 놀이터에서 A씨(79세)가 아동을 예쁘
  다고 엉덩이를 만진 것에 대해 부모가 경찰에 고발하여 13세
  미만 성추행 죄를 인정받아 징역 2년 6개월에 집행 유예 3년
  을 선고받았다.

지금까지 밝혀진 노인들의 성폭력을 사례들을 분석해 보면 다
음과 같은 특징이 있다.

노인들의 성폭력 발생 원인은 매우 복잡하지만, 그 근본 배경
은 사회의 급속한 고령화라 할 수 있다. 여기에 더해져 노인의
소외감·상실감이 성폭력으로 표현되는 경우가 적지 않으며, 의

외로 무지로부터 시작되는 경우도 많다.

실제로 노인 성폭력을 일으킨 가해자들은 자신의 범죄에 대해 잘못을 인식하지 못하는 경우가 많다. 노인 성폭력 가해자 중에는 "늙어서 발기도 안 되는데…", "늙어서 무슨 힘이 있다고…"라면서 자신의 결백을 주장하거나 동정을 요구하는 사례가 많다고 한다. 그러나 점차 노인 성폭력이 심각해지고 증가하는 속도가 빨라짐에 따라 법의 처벌 강도가 예전에 비해서 점차 높아지고 있다.

노인 성폭력자에 대한 결과 처리도 고령이라는 이유로 낮은 처벌을 하는 경우가 많다. 이러한 결과 처리로 인해서 노인 성폭력자에게 노인 성 문제는 사회적으로 쉽게 봐준다는 의미로 비추어질 수 있다.

❹ 성폭력이 흉포해진다

노인 범죄와 노인 성폭력의 증가와 함께 노인 성폭력이 점점 잔인하고 흉포해져 가고 있다는 것이다.

경찰청(2014년)에 따르면 2000년부터 2010년 사이 전체 강간 범죄자 중 61세 이상 강간 범죄자의 비율은 2.1%에서 4.7%로 2배 이상 증가하였다. 성폭력 가해자 중 60대(61~70세)가 809건, 71세 이상이 268건으로 집계되었다. 이는 2007년 481건(60대)과

193건(71세 이상)에 비해 크게 늘어난 수치이다.

노인들이 흉포한 성폭력을 일으킨 사례를 보면 다음과 같다.

- 전북 김제에서 권 모 씨(86세)가 자신의 동거녀와 금전 문제로 다툰 후 둔기를 사용해 동거녀를 수십 차례 머리를 때려 무참히 살해하고 이를 말리는 자신의 혈육인 외손자에게조차 심각한 상해를 입혔다.

- 전남 보성에서 키가 165㎝도 안 되는 작은 체격에 평범한 어부였던 70세 노인이 불과 한 달도 안 되는 사이에 두 차례에 걸쳐 죄 없는 4명의 젊은 청춘들을 잔인한 방법으로 살해해서 충격에 빠지게 한 사건이 있었다. 노인은 대학생 2명씩 배에 태워 바다로 나가 태도가 돌변해 여성들에게 달려들어 몸을 더듬으며 성추행을 시도했다. 학생들이 반항하자 모두 바다에 빠뜨려 죽였다. 두 차례에 걸친 살인은 모두 젊은 여성에 대한 성추행이 살인의 도화선이었다. 이 사건으로 인해서 우리 사회는 큰 충격에 빠졌다. 나이 든 노인이 젊은 대학생 4명을 빠뜨려 살인을 했다는 것 말고도 그런 힘은 어떻게 났는지, 연쇄살인을 저지를 만큼 주체하지 못할 성욕이 있었다는 것도 의문점이었다.

- 71세 노인이 손녀 뻘인 열두 살 중국 동포 소녀를 입양해 2년

행복한 노후를 위한 노인의 성

여 동안 140여 차례나 성폭행을 일삼아 온 사실이 경찰에 적발되었다. 노인은 소녀가 임신을 두려워하면서 완강히 거부하자 "임신하면 안 한다"는 내용의 각서까지 써 주며 안심시킨 뒤 성폭행을 계속할 만큼 '악질적 행위'를 했던 것으로 경찰 조사 결과 드러나 충격을 주기도 하였다.

■ 부산에서는 시아버지가 며느리를 13년간 성폭행하는 '패륜적' 사건도 있었다. 그러나 이러한 며느리를 강간하여 문제가 되는 사건들은 자주 일어남에도 불구하고 가정 파괴를 가져오기 때문에 거론되지 못하고 묵인되는 경우가 많다. 더 큰 문제는 할아버지에 의한 손녀에 대한 성폭력과 성추행도 나타나고 있어 심각한 지경에 이르고 있다는 것이다. 집에서 혼자 집을 보는 할아버지들에게 자녀들이 손녀를 맡기게 되면 판단력을 상실한 노인은 손녀를 여자로 보게 되고, 이로 인해 성추행이나 성폭력을 자행하게 된다는 것이다.

불편한 진실, 노인의 성

| ❺아동 대상 성폭력이 증가하고 있다 |

노인의 성폭력이 증가하는 만큼 아동이나 장애인을 대상으로 한 성폭력 건수도 증가하고 있다. 노인 성폭력의 대상에 힘이 약한 어린이와 장애인 등 약자가 희생양이 되는 경우가 많아 심각성을 더하고 있다.

노인 성폭력 중에서 아동이나 장애인을 대상으로 하는 범죄의 유형을 분석해 보면, 동네의 아동이나 장애인을 자신의 집으로 데려와 상습적으로 성폭행하기도 하며, 혼자 집에 있을 때 성폭행하기도 하고, 돈을 주고 성매매를 하는 원조 교제, 성적으로 만지는 것 등 매우 다양하다. 노인들이 아동으로 대상으로 성폭력을 일으킨 사례를 보면 다음과 같다.

- 경기도 포천에서 지역아동센터를 운영하던 A씨(66세)는 2012년부터 3년간 자신의 아동센터에 다니던 초등학생을 성추행한 혐의로 지난 24일 징역 2년6개월형을 선고받았다.

- 서울에서 김 씨(73세)가 놀이터에서 놀고 있던 아동들에게 "손금을 봐 주겠다"고 불러 유인한 뒤 돌아가면서 옆에 앉게 해 강제로 성추행을 해 구속됐다.

- 서울에서 어린이집 원장인 배 모 씨(64세)는 어린이집 내에서 아이들 2명을 상습적으로 성추행한 혐의로 구속됐다.

- 서울에서 이 씨(78세)는 미성년자에게 금품을 주고 성매매를 하여 구속되어 징역 1년6월에 집행유예 3년을 선고받았다.

- 부산에서 집에 혼자 있는 여자 어린이를 위협해 성폭행한 60대가 경찰에 붙잡혀 구속되었다.

- 경기도에서 이혼한 아들 부부를 대신해 키우던 김 씨(70세)는 손녀(15세)를 년 8개월 동안 자신의 집에서 세 차례 성추행하고, 한 차례 강간하려다 미수에 그친 혐의 등으로 고발되어 7년형을 선고받았다. 김 씨의 성폭력을 알고도 방관한 혐의로 함께 재판에 넘겨진 할머니 정 모 씨(65)에게 징역 8개월을 확정했다.

- 경기 부천에서 박 모 노인(71세)이 초등학교 운동장에서 알게 된 12세 초등학생 박 모양에게 "돈을 주겠다"며 자신의 집으로 유인해 20여 차례 성추행하다 구속됐다.

- 부산에 거주하는 배 모 씨(65세)는 같은 동네에 살면서 알고 지

내던 정신지체장애인 A양(18세)에게 "우리 집 강아지를 구경시
켜 주겠다"며 집으로 유인한 뒤 원하지 않은 신체 접촉과 성
폭행을 했다. 부모가 이 사실을 알고 경찰에 신고하여 배 씨를
아동청소년 성보호에 관한 법률 위반으로 구속했다.

- 지적 장애를 앓고 있는 소녀를 아버지, 친할아버지, 큰아버지,
  2명의 작은 아버지, 사촌 오빠 등이 10년간 성폭행과 성추행
  을 일삼았다. 이로 인해 친할아버지와 큰아버지는 징역 1년 6
  개월에 집행유예 3년을 받고, 친아버지는 공소시효가 지나 처
  벌 대상에서 제외되었다.

- 부산에서 김 모 씨(63세)는 지체장애 2급인 남성(26세)에게 취
  직을 시켜 주겠다고 접근해 원치 않는 성폭행을 하여 구속되
  었다. 이 사건은 남성 노인이 같은 동성인 지체장애 남성을 성
  폭행했다는 것이 특이한 점이다.

지금까지 밝혀진 아동이나 장애인을 대상으로 성폭력 사례들
을 분석해 보면 다음과 같은 특징이 있다.

범행 장소는 도시나 농촌을 가리지 않았고, 자신의 집, 피해자
의 집, 놀이터 등 장소를 가리지 않은 것으로 나타났다.

성폭력의 대상은 도시에서는 정상적인 아동을 대상으로 하기

도 하지만, 농촌으로 갈수록 장애인 여성을 대상으로 한다. 실제로 장애인을 대상으로 이루어진 성폭력은 젊은 층보다는 노인이 많았다. 장애인 중에서도 정상적인 행동 자체가 어려울 뿐만 아니라 판단력까지 부족한 정신지체 여아에 대한 성폭력이 많았다. 더 큰 문제는 조손 가정에서 할아버지가 손녀를 대상으로 성폭력을 저지르기도 한다는 점이다.

가해자의 특징은 전혀 모르던 사람도 있지만, 예전부터 잘 아는 이웃이나 친척, 심지어 친족인 경우도 있다. 평소에 잘 알던 노인들이 범행을 저지르는 이유는 피해자가 친하기 때문에 의심을 덜하고 피해를 주지 않을 것이라는 믿음을 갖고 있어 저항을 많이 하지 않을 것으로 알고, 안면이 있는 아동이나 장애인을 주 범행 대상으로 삼은 것으로 보인다. 그리고 가정의 보호가 취약한 아동과 장애인들은 스스로 경찰에 신고하기 어렵다는 점도 감안되었을 것이라고 추측할 수 있다.

범행 원인을 보면, 노인들이 원래부터 범죄 경력을 가지고 있던 것이 아니라 초범이 대부분이었다. 이들은 대부분 경제적 활동 중단으로 경제적으로 어려워지고, 사회와 가정에서 자신의 위치가 흔들리면서 열등감에 빠진 경우가 많았다. 그래서 자신보다 힘이 약한 아동이나 장애인에 대상으로 자신의 성적 요구를 해결하는 경우가 많았다.

따라서 노인들의 아동과 장애인을 대상으로 하는 성폭력을 예
방하려면 노인들의 경제적 안정화 노력과 함께 성폭력을 막기 위
한 인권교육도 제도화되어야 한다. 그리고 아동과 장애인을 대
상으로 이웃집 아저씨, 할아버지라도 경계심을 늦추지 말아야
하며 성폭력 범죄가 발생할 경우 신속하게 신고하도록 교육시
켜, 더 이상의 피해가 발생하지 않도록 해야 한다.

❻ 노인을 대상으로 한 성범죄도 증가하고 있다

노인의 성폭력도 증가했지만, 노인을 대상으로 한 성폭력도 꾸
준히 증가하고 있다. 경찰청 통계 자료를 보면, 2011년에는 전
체 범죄 피해자 중에서 61세 이상 노인의 비율이 8.6%였던 것이
2015년 말에는 10.3%로 높아졌다.

전제 범죄 피해 중에서 성폭력 피해만 보면 최근 5년간 전체 성
폭력 피해자가 9.2% 늘어나는 반면에 61세 이상은 493건이 발
생하여, 노인을 대상으로 하는 성폭력이 급격하게 증가(77.4%)
했음을 알 수 있다. 같은 기간 15세 이하 피해자가 10.6% 감소
한 것과 매우 대조적이다.

이처럼 청소년 대상 성폭력 피해는 낮고 노인 대상 성폭력이
증가한 이유는 청소년 성폭력은 사회적 공분을 사며 적극적인 예

방 정책이 추진된 반면, 노인 성폭력은 관심 대상에서 소외되었기 때문이라고 할 수 있다.

〈표 6-4〉 60세 이상 노인 대상 성범죄

구 분	2014년	2015년	2016년	2017년	2018년
건 수	493	560	599	698	50,578

2019년 행정안전위원회 소속 김영호 의원이 경찰청으로부터 제출받은 자료에 따르면, 2018년에는 60세 이상 노인 대상 성범죄는 765건으로 2014년(493건)보다 약 55% 늘었다. 연도별로 노인 대상 성범죄는 2015년 560건, 2016년 599건, 2017년 698건으로 매년 급증하고 있는 추세다.

특히 2018년 노인 대상 성범죄 유형으로 강간·강제추행이 697건으로 가장 많았고 이어 통신매체 이용 음란(36건), 카메라 등 이용촬영(19건), 성적 목적 공공장소 침입(13건) 순이었다. 카메라 등 이용촬영과 통신매체 이용 음란은 2014년과 비교하면 각각 약 2배, 3배 증가했다.

노인을 대상으로 한 성범죄 사례를 보면 다음과 같다.

■ 경기도 포천에서 요양원에 근무하는 사회복지사 A씨가, 뇌수

술을 받아 거동이 불편한 상태의 입소자 B씨를 8개월간 성폭행하였다. B씨는 폭로를 하면 요양원에서 쫓겨날까 봐 말하지 못했으나 주변의 신고로 들통이 났다.

- 대구에서는 A씨(30대)가 홀로 사는 노인 B씨(70대)를 뒤따라가서 혼자 있는데 강간하려 하자, 반항하는 B씨를 구타해 성폭행하고 큰 부상을 입힌 뒤 자신의 트렁크에 피해자를 싣고 다니다 결국 숨지자 시신을 유기한 혐의로 무기징역을 선고받았다.

- 구미시에서는 폐지를 줍던 70대 여성의 가슴을 만지자 반항하던 여성을 때리고 도망간 피의자를 구속하였다.

- 경기도 화성에서 연쇄살인으로 유명한 이 씨(27세)는 A씨(71세)를 태안읍의 한 목초지에서 강간한 후 목을 졸라 죽였다.

- 경기도 의정부에서 A씨(46세)는 혼자 사는 B씨(75세)의 집에 들어가 유사강간한 뒤 목 졸라 살해하고 10만 원을 절도한 혐의로 구속 기소돼 재판에 넘겨졌다. 그는 범행 직후 훔친 돈으로 인근 여관에서 여성 2명과 차례로 성매매를 한 혐의로도 기소됐다.

- 서울 종로에서 A씨(47세)는 쪽방촌에서 혼자 자고 있던 노인

B씨(90세)를 성폭행하였는데, 현장을 목격한 요양보호사의 신고로 구속되었다.

노인 여성을 대상으로 한 성폭력이 증가하는 이유는 사회적 약자인 노인들이 자신보다 힘이 약하다는 생각과 노인들은 성폭력을 당해도 스스로 경찰에 신고하는 것을 창피해하거나 어려워할 거라는 점도 감안했을 것이라는 추측이다.

노인을 대상으로 한 성폭력의 특징은 피해자 대부분이 여성 혼자 사는 1인 가구였다는 점이다. 그리고 성폭력을 행사한 후 살인을 하거나 금전을 훔쳐 갔다. 성폭력을 당하고도 피해 노인들은 노령이라 힘이 부족하여 제대로 대항도 못하고, 당한 후에도

자식에게 말도 못한 채 끙끙 앓다가 결국 자살하기까지 함으로써 노인을 대상으로 하는 성폭력은 가정을 파탄 나게 만드는 심각한 사회문제라고 할 수 있다.

따라서 노인을 대상으로 하는 성폭력을 예방하려면 경찰이나 여성가족부 등 관련 정부 부처는 시급히 대책을 마련해야 할 것이다. 그리고 노인들은 잘 모르는 사람이 가까이 다가와 선의를 베풀 때는 경계심을 늦추지 말아야 한다. 그리고 되도록 혼자 있는 시간을 줄이고, 성폭력을 당할 때는 단호하게 거부 의사를 표현해야 한다. 그리고 성폭력 범죄가 발생할 경우 신속하게 신고해서 더 이상의 피해가 발생하지 않도록 해야 한다.

| ❼ 노인 성병 감추지 말아야 한다 |

노인 인구의 증가와 평균 수명의 증가로 인해 자연스럽게 성병에 노출된 노인들도 증가하고 있다. 성병이란 성 접촉을 통해 전파되는 전염성 질환을 말한다. 흔한 성매개감염병으로는 임질, 매독, 성기 클라미디아 감염증, 트리코모나스증, 후천성 면역결핍증 등이 있다.

성매개감염병은 나타나는 증상이 없더라도 전염력을 가지고 있는 경우가 있어, 이러한 잠재적인 질병을 가진 경우에도 성매개 감염병에 포함시킨다. 성적인 접촉 이외에도 일부 질환에서는 수혈이나 정맥 주사바늘을 공동으로 사용함으로써 전파될 수 있다.

국민건강보험공단의 2013년부터 2017년 상반기까지 60세 이상 노인들의 성병 감염 실태를 보면, 매독·임질·에이즈(후천성 면역결핍증) 등 성병으로 진료받은 환자는 60대는 124,054명, 70대는 60,877명인 것으로 집계됐다. 2013년에는 60대는 23,080명이었던 것이, 2016년에는 30,082명으로 30.3% 정도 증가하였으며, 2013년에는 70대는 11,657명이었던 것이, 2016년에는 14,567명으로 25% 정도로 꾸준히 증가하고 있다. 두 연령대를 합치면 4년 새 약 1만 명(28.5%)의 환자가 늘어난 것이다. 같은 기간 다른 나이 대의 성병 환자가 줄어든 것과 매우 대조적이다.

감염된 성병의 종류는 '임질'이 17%로 가장 많았고 그 밖에 '요도염(질염)'과 '기타'가 각각 13.8%, '매독' 6.4%, '성기단순포진' 5.2% 순이었으며 성병의 종류를 알지 못하는 경우도 37.2%에 달했다. 성별로는 여성 환자가 4명 중 3명(76.7%)에 달했다.

성병 감염의 대상은 36.9%가 '성매매하는 사람'이라고 응답했고 그 밖에 '이성 친구'가 20.2%, '배우자'가 14.3%로 나타나 배우자 외의 상대와의 성적 접촉으로 인해 성병에 감염되는 경우가 85.7%로 대부분을 차지했다.

인구 고령화로 노인 인구가 늘어난 데다 발기부전치료제 보급, 건강 관리 강화 등 의료 발달로 이전보다 적극적으로 성관계를 가지고 있다는 의미다. 그리고 이는 부부간에 정상적인 성관계가 이루어졌다면 굳이 성병에 걸릴 일이 없지만, 노인들이 성병에 걸렸다는 것은 그만큼 몸을 파는 직업여성들과 성관계를 가졌기 때문이라고 해석할 수 있다.

〈표 6-5〉 연도별 노인 성병 감염 실태

(단위 : 명)

연도	60~69세	70세 이상
2013년	23,080	11,657
2014년	24,803	11,885
2015년	27,219	13,379
2016년	30,082	14,567
2017년(상반기)	18,870	9,389
	124,054	60,877

_ 자료 출처 : 국민건강보험공단

2014년 보건복지부가 발표한 자료를 보면 국내 에이즈 감염자 수는 9,615명이며, 이 가운데 65세 이상의 노인 감염자는 1,985명(남자 1,718명, 여자 267명)으로 전체의 20.6%나 차지하고 있다. 이처럼 노인의 성병은 매년 증가하고 있는데, 대부분의 노인

행복한 노후를 위한 노인의 성

들은 이를 가정에 알리거나 병원 치료를 받지 않고 방치하고 있다. 이에 전염성의 위험 등 문제는 더욱 심각하다.

그 이유는 노인들이 성병이나 에이즈에 걸렸음에도 불구하고 어디서 상담이나 치료를 받아야 할지 모르는 경우도 많지만, 노인이 성병에 걸린 것에 대해 이상하다고 여기는 인식으로 인해서 병원을 찾지 않는 경우도 많다. 그러다 보니 자신의 병을 더욱 키우게 되고, 이러한 현상은 노인들의 자살을 부추기기도 한다.

| **❽ 요양보호사들의 인권을 보호해야 한다** |

최근 우리나라 '노인 장기요양인력 특정 성별영향평가' 보고서

에 따르면 요양보호사의 44.3%가 돌봄대상자에게 언어폭력을 당하고 있다고 답했다. 또 20.6%가 신체적 폭력을 경험한 것으로 드러났다. 성희롱·성폭력 피해를 본 경우도 14.3%에 달했다. 보고서는 한국여성정책연구원이 여성가족부의 의뢰를 받아 1년 이상 근무한 요양보호사 350명을 대상으로 지난해 12월 설문조사를 했다.

응답자의 64.0%가 폭력을 경험하더라도 '개인적으로 참고 넘긴다'고 답했다. 담당 요양센터나 수급 대상자·보호자에게 얘기하면 이의를 제기한 요양보호사가 일을 그만두게 되는 등 불이익을 받기 때문이다.

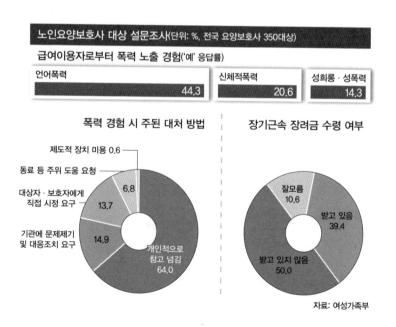

노인요양보호사 대상 설문조사(단위: %, 전국 요양보호사 350대상)

급여이용자로부터 폭력 노출 경험('예' 응답률)

언어폭력	신체적폭력	성희롱·성폭력
44.3	20.6	14.3

폭력 경험 시 주된 대처 방법

제도적 장치 미용 0.6
동료 등 주위 도움 요청 6.8
대상자·보호자에게 직접 시정 요구 13.7
기관에 문제제기 및 대응조치 요구 14.9
개인적으로 참고 넘김 64.0

장기근속 장려금 수령 여부

잘모름 10.6
받고 있음 39.4
받고 있지 않음 50.0

자료: 여성가족부

행복한 노후를 위한 노인의 성

2014년 말부터 재가 요양보호사로 활동하고 있는 B씨는 최근 돌본 70대 편마비(片麻痺) 남성 어르신을 돌보면서 '손잡아 보고 싶다', '안아 보자'는 말을 들으며 지속적으로 성추행을 당했다. B씨는 이 사실을 담당 요양센터에 알렸지만, 센터 측은 "그전에도 이런 일이 많았다"며 조치를 취하지 않았다.

광주에서 근무하는 또 다른 요양보호사는 "수급자였던 할머니가 '나 때문에 센터와 당신이 돈을 번다'며 돈을 달라고 요구한 적이 있다"며 "이를 센터에 말했더니 결국 사직서를 쓰고 그만두도록 했다"고 말했다.

얼마 전 이동이 힘든 치매 노인에게 숨쉬기도 힘들 만큼의 속도로 음식을 입에 넣어 호흡 곤란 상태를 만든 요양보호사의 영상이 보도되었다. 이런 일부 요양사들은 다수의 헌신적으로 일하는 요양보호사들의 노력을 뒤흔들어 놓았다.

초고령 사회를 맞이하는 우리 사회에서는 계속적으로 노인복지 현장의 인력 수급이 증가할 것이다. 하지만 이런 인력을 필요로 하기 전에 그들의 인권 보호 준비가 먼저 이루어져야 할 것이다.

첫 번째는 그들의 정확한 명칭이다. 대부분의 사람들은 요양보호사를 돌보미, 간병인, 도우미 등으로 부르고 있다. 정확한 명칭은 사람들이 함부로 대하지 않을 존재라는 인식의 변화를 가져온다. 둘째, 저임금과 장시간의 노동 등 근로 기준 환경에서 국가가 보호해 주어야 한다. 셋째, 갑질 및 언어폭력에 대한 안전 구제제도가 좀 더 명확히 만들어져야 한다.

사회가 요양보호사들에게 헌신적 봉사를 강요하기 이전에 그들의 인권을 예방하기 위한 빠른 조치가 우선되어야 한다.

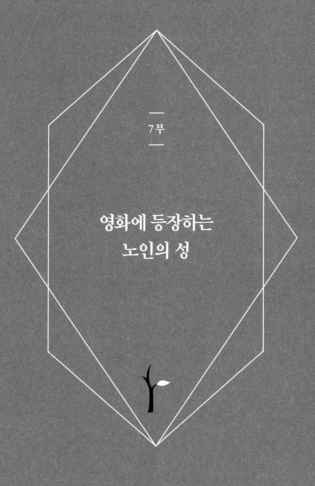

7부

영화에 등장하는
노인의 성

| ❶ 죽어도 좋아 |

2002년 〈죽어도 좋아〉라는 영
화가 개봉돼 우리 사회에 큰 파
장을 불러일으켰다. 이 영화의
이야기는 실화를 바탕으로 박
진표 감독이 다큐멘터리 영화로
만든 것이다.

영화의 내용을 보면, 70을 넘
긴 노인들이 각자의 배우자와 사별을 한 뒤 죽음보다 외롭게 고
독과 친구하며 하루하루를 연명하고 있었다. 그러던 어느 날, 할
아버지는 공원에 갔다가 우연히 할머니를 만나 첫눈에 반해 사랑
에 빠진다. 할아버지는 할머니에게 사랑을 고백하고, 할머니는
할아버지의 진심을 알고 사랑을 느끼게 된다.

두 사람은 함께 살기로 결정하고, 할아버지는 작은 옷 보따리
와 장구를 들고 자신의 집으로 들어온 할머니와 물 한 바가지 떠
놓고, 결혼식을 마친다. 그리고 두 노인의 행복한 노년 부부 신
혼 생활이 시작된다.

두 사람은 서로 만족스러운 성생활을 위하여 성 보조기구(약품
등)를 사용하거나 성기능과 관련된 특정 수술을 받기도 한다. 한

행복한 노후를 위한 노인의 성

시가 아까운 두 사람은 마음 가는 대로 사랑을 했더니 섹스도 가능해졌다. 그렇게 열정적인 사랑으로 가득한 그들은 매일 뜨거운 사랑을 나누며 행복해한다.

이 영화가 의미 있었던 것은 그전까지 우리나라 노인들은 문화적 속박과 관념의 영향을 받아 성관계를 낯부끄러운 일로 여기는 풍조가 있었기 때문이다. 자녀들도 자라서 어른이 된 후에는 늙은 부부간의 성관계가 중단되어야 마땅하다고 여기는 풍조가 많았다.

결국 노인의 성에 대해서는 노인 자신들도 그렇지만 자녀들도 노인의 성은 추한 것이라는 생각에 무시당해야 했다. 그러나 이 영화는 두 노인의 격정적 사랑을 그리며 '노인의 성'도 마땅히 존중받아야 할 인권이자 행복추구권이라는 것을 우리에게 알려 주었다.

그리고 이 영화는 배우자와 사별한 남녀 노인들이 서로의 성적인 만족을 위해 노력하는 것을 보여 줌으로써 "사람은 노인이 되면 성기능이 소실된다", "소실되지 않고 남아 있다 하더라도 매우 미약해진다"는 편견이나 노인이 자기의 성적 요구를 드러내 놓고 시인하거나 표시하는 것은 "노인답지 못한 일"이라고 치부하는 것, 그리고 "노인이 되면 성생활이 원기를 크게 해치기 때문에 건강 장수에 불리하다"는 등의 오해를 깨 주는 데 충분한 역할을 하였다.

2010년 개봉된 영화 〈시(詩)〉
는 〈초록 물고기〉, 〈박하사탕〉
을 찍은 이창동 감독의 작품으
로, 윤정희 씨가 출연해 화제가
되었다. 이 영화는 국내시장에
서 호평은 물론 각종 국제영화
제에서 수상하며 해외로 적잖게
수출되었다.

영화에서 윤정희 씨는 극중에서 미자라는 66세의 여성 노인으
로 화사하고 멋을 부린 맵시 있는 옷차림을 좋아하고, 꽃을 보고
감격하며, 시를 쓰고 싶어 하는 소녀다운 감수성을 보여 주는 역
할을 담당하였다.

영화의 내용을 보면 미자는 강 노인(김희라)을 돌보는 환자 간
병인으로, 근근이 생활하는 여성이었다. 미자는 어느 날 동네 문
화원에서 우연히 '시' 강좌를 수강하게 되며 난생 처음으로 시를
쓰게 된다. 시상을 찾기 위해 그동안 무심히 지나쳤던 일상을 주
시하며 아름다움을 찾으려 하는 미자. 지금까지 봐 왔던 모든 것
들이 마치 처음 보는 것 같아 소녀처럼 설레 인다.

그러나 강 노인은 중풍으로 거동이 불편한 와중에도 비아그라를 먹고서 미자에게 성관계를 요구하였다. 미자는 강 노인의 말에 추함과 역겨움을 느끼며 파출부 일을 그만두었다.

미자의 외손자는 집단 성폭행을 당해 자살한 여중생 사건의 가해자로 지목되어 피해자의 부모가 위자료를 달라고 하여 갑자기 돈이 필요하게 되었다. 미자에게 예기치 못한 사건이 찾아오면서 세상이 자신의 생각처럼 아름답지만은 않다는 것을 알게 되었다.

미자는 어쩔 수 없이 손자의 위자료를 구하기 위해서 평소에 자신에게 성관계를 요구하던 강 노인을 찾아가 500만 원을 받고 늙은 자신의 몸을 팔게 된다. 미자는 자신의 몸을 판 돈으로 사건을 해결하고, 시 낭송회 뒤풀이로 노래방에서 노래를 부른 뒤 조용히 자살로 생을 마감한다.

이 영화는 강 노인과 같은 남자 노인들이 가지고 있는 한국 사회에 만연된 남성의 권위의식, 지배 욕구로 인해 간병인과 같은 저소득 계층의 여성이 성적인 피해를 받고 있다는 사회 구조를 은유한 것이다. 그리고 강 노인처럼 치매 환자임에도 불구하고, 성적 욕구를 참지 못하고 해결하려는 태도를 보인다는 것을 보면서 노인이나 장애인의 성에 대해서도 관심을 가져야 한다는 것을 보여 주는 영화다.

2016년에 개봉된 〈죽여주는 여자〉는 이재용 감독의 작품으로, 윤여정 씨를 주연으로 하여 기구한 한 여성의 일상을 찍은 영화다.

영화의 내용을 보면 종로 일대에서 노인들을 상대하며 근근이 살아가는 65세의 '박카스 할머니' 소영은 어릴 때부터 가난하여 식모살이를 하고, 6 · 25 전쟁 후에는 미군을 상대로 일을 하다가 지금은 박카스를 권하며 품을 팔고 있는 소위 박카스 아줌마로 생활하였다.

소영은 나이가 들어서, 죽어도 막일은 못 하겠다며 그래도 살아야 하기에 몸을 파는 일을 한다고 변명한다. 소영은 노인들 사이에서는 '죽여주게 잘하는' 여자로 입소문을 얻으며 박카스들 중에서 가장 인기가 높았다.

소영은 트랜스젠더인 집주인 티나, 장애를 가진 가난한 성인 피규어 작가 도훈, 성병 치료차 들른 병원에서 만나 무작정 데려온 코피노 소년 민호 등 이웃들과 함께 힘들지만 평화로운 나날을 보내고 있었다.

그러나 어느 날, 자신의 단골 고객이자 뇌졸중으로 쓰러진 송 노인(전무송)으로부터 자신을 죽여 달라는 간절한 부탁을 받고 죄책감과 연민 사이에서 갈등하다 그를 진짜 '죽여 주게' 된다.

그 일을 계기로 노인들에게 진짜 죽여 주는 여자라는 소문이 퍼지고, 자살하기 어려워서 누군가 죽여 주었으면 하는 노인들이 소영을 찾게 된다. 사는 게 힘들어 죽고 싶은 노인들의 부탁이 이어지고, 소영은 더 깊은 혼란 속에 빠지게 되지만 노인들의 사정이 딱해서 농약으로 죽여 주기도 하고, 산에서 실족사로 노인을 밀어서 죽여 주기도 한다. 그러다 결국 경찰에게 붙잡혀서 교도소에서 살게 되며, 본인의 생을 다 하게 된다.

이 영화는 박카스 아줌마라는 직업에 대해서 실체를 구체적으로 보여 줌에 따라 성매매 여성들의 인생의 밑바닥 단면을 보게 해 준다. 그리고 노인들이 가지고 있는 더 이상 살아가기 어려운 사연들로 인해서 노인이 되면 절망적인 일들이 많이 생기고, 극단적인 선택을 하고 싶은 노인들이 많다는 것을 알게 해 준다.

그리고 이 영화는 전반적으로 암울하고 슬픈 이야기를 아주 담담하고 군말 없이 보여 주는데, 오히려 차분하기까지 해서 우리가 노후에 대해서 어떻게 살아야 할지에 대하여 생각해 볼 부분을 분명 많이 담고 있다.

| ❹ 섹스 볼란티어 |

2009년 개봉된 〈섹스 볼란티어〉는 조경덕 감독에 의해서 실제로 있었던 일들을 취재해 만들어진 영화다. 이 영화는 감독이 일본에서 출판된 『섹스 자원봉사: 억눌린 장애인의 성』이라는 책을 기반으로 만든 영화로 전주국제영화제에서 상영되어 논란이 된 작품이다.

영화의 내용은 불법 성매매 협의로 체포된 여대생 예리와 중증 뇌성마비 남성 천길, 그리고 천주교 신부의 경찰 수사 과정을 주로 다루었다. 여대생은 중증뇌성 마비 남성에게 해 준 것은 성매매가 아닌 자원봉사였다고 주장하면서, 섹스 자원봉사라는 것은 가능한 것인가에 대한 논쟁을 다루고 있다.

영화 중에 길거리 사람들에게 성 자원봉사에 대한 생각을 인터뷰하는 장면이 있는데, 사람들의 반응은 대부분 부정적이었다. 그리고 영화에서 성 자원봉사단체 카페 운영자와의 인터뷰가 나오는데, 회원 중 4명이 남자고 1명이 여자였는데 그나마 있던 여자도 자신의 개인적 사정 때문에 그만두었다고 했다. 이 영화는 제목에서 말했듯이 섹스와 자원봉사라고 하는 두 단어의 개념이 서로 어울리지 않는 매칭이기도 하다.

이 영화는 지금까지 금기시돼 온 장애인의 성적 권리를 전면에 내세우면서도 일반인이 느낄 수 있는 거부감과 불편함, 그리고 수십 년간 성적 욕망을 부정당해 온 장애인들의 권리 주장을 자연스럽게 담아냈다.

이 영화는 노인들의 성에 대한 주제는 아니지만 장애인들의 성을 양지로 끌어내어 그들이 가지고 있는 애로와 고통이 무엇인지를 보여 줌으로써 장애인의 성에 대해서 눈길을 돌리게 하는 계기가 되었다. 노인들 중에서도 장애인처럼 치매나 노화로 인해 거동이 불편한 경우에는 장애인과 같은 범주로 볼 수 있을 것이다.

이 영화는 우리나라에 최초로 '섹스 볼란티어'라는 말을 알리는 이정표가 되었지만, 아직 우리나라에서는 영화의 주제처럼 성과 자원봉사를 같이 생각하는 데는 많은 논란이 있다.

이와 비슷한 영화로 미국에서 제작된 〈섹스 테라피스트(sex therapist)〉가 있다. 섹스 테라피스트는 성기능 개선 및 성기능 장애 치료하는 전문인을 말한다. 미국을 비롯한 선진국에서는 조루, 사정, 지연, 발기부전, 성적인 관심 부족, 각성, 고통스러운 성(질 및 성교통 장애)과 같은 성기능 장애나 성기능 개선을 전문적으로 치료해 주는 섹스 테라피스트가 직업으로 인정받고 있다.

| ❺ 은교 |

2012년 개봉된 〈은교〉는 조경
덕 감독이 박범신 작가의 책을
원제로 하여 만든 영화이다. 은
교 역은 김고은이 맡았고, 남자
주인공으로는 박해일이 국민 시
인 이적요 역을 맡았다.

영화의 내용을 보면 제자 서
지우가 스승 이적요의 수발을 들며, 스승을 존경하면서도 천재
적인 문학성을 질투하는 모습을 보인다. 그 덕에 대필 받은 소설
『심장』이 대박을 터뜨리고 서지우는 베스트셀러 작가가 된다.

그러던 어느 날, 이적요의 집에 우연히 한 소녀가 잠들어 있었
다. 이를 계기로 서지우가 이적요의 허락을 받고 집에서 알바를
하기로 했다.

보수적이고 무심한 듯한 이적요는 은교에겐 특별히 친절했으
며, 은근한 호감을 가지고 있는 것처럼 보였다. 은교의 철없고

　　　　　　　　　　　행복한 노후를 위한 노인의 성

순수한 행동이 이적요의 마음을 더욱 흔들어 놓고, 결국에는 사랑에 빠졌다. 이적요가 은교에 대해 표현하는 사랑은 고요하고 잔잔하고 배려심이 있는 신사 같은 사랑이었다. 이러한 스승의 태도를 지켜본 제자 서지우는 이적요에게 질투를 느끼게 된다.

그러다 우연히 제자 서지우가 이적요의 원고 『은교』 글을 발견하게 된다. 그리고 자신을 인정하지 않는 세상과 이적요에 대한 불만으로 몰래 그 원고를 자신의 이름으로 문학계에 출간하게 되고 대박이 났다.

이 사실을 알게 된 이적요는 매우 화를 낸다. 이적요에게는 은교를 사랑할 수 있는 유일한 방법인데, 그걸 훔쳐서 출판하여 분노가 치밀었던 것이다. 그러나 제자는 '늙은이의 추한 스캔들'이라고 말하면서 싸움이 지속되는데, 은교가 이 장면을 목격하고 그 글을 읽게 된다.

이적요의 생일날 갑자기 은교가 찾아왔다. 이적요는 피하려 하지만 은교의 생일 축하에 문을 열어 주고, 셋이 다시 모였고 술을 마시게 된다. 술에 취한 서지우는 계속 이적요의 속을 긁고, 기분이 나빠진 이적요가 자리를 뜬다. 은교가 이적요를 침실까지 데려다주면서 포옹을 한다. 그리고 얼마 후 잠에서 깬 이적요가 우연히 서지우와 은교가 관계를 하는 모습을 보게 된다. 충격과 분노에 휩싸인 이적요는 아침에 서지우가 타고 가야 할 차를 펑크 내고 자신의 차를 고장 내서, 서지우가 죽게 된다.

그렇게 시간이 지나고 은교가 이적요를 다시 찾아왔는데, 이적요는 죄책감과 은교를 잃은 상실감으로 술에 절어 살고 있었다. 서재에서 등 돌려 누운 이적요를 발견한 은교는 이적요 뒤에 조용히 눕는다. 그리고 울먹이며 『은교』를 쓴 게 이적요라는 걸 안다고 말하고 떠나면서 영화는 끝난다.

영화에서 "나 이적요는 늙었다. 너의 젊음이 너의 노력으로 인해 얻은 상이 아니듯, 나의 늙음도 내 잘못으로 인해 받은 벌이 아니다."라는 대사를 한다. 이 대사처럼 영화에서는 나이가 먹어 늙어도 순수한 사랑을 할 수 있음을 보여 주었다.

❻ 69세

2019년 개봉된 〈69세〉는 임선덕 감독이 만든 영화로, 부산국제영화제에서 뉴 커런츠 부문에 초청되고 KNN관객상을 받았다. 예수정이 여주인공 효정 역을 맡았으며, 기주봉이 출연하였다.

〈69세〉는 성폭력 문제의 사각지대에 놓여 있는 노인 여성의 인권과 우리 사회가 노년의 삶에 갖는 편견과 시선을 다루는 영화다.

69세의 효정은 병원에 입원했다가 남자 간호조무사에게 성폭행을 당한다. 그녀는 함께 사는 동인에게 이 사실을 알리고 경찰에 신고한다. 하지만 간호조무사가 효정과 합의한 성관계라고 주장하자, 효정과 동인은 충격에 빠진다.

효정은 포기하지 않고, 효정을 믿어 주고 지켜 주는 동인도 끝까지 포기하지 않는다. 변호사와 형사들을 만나서 죄를 입증하기 위해 힘든 노력을 했지만, 성폭행 증거가 입증되지 않았다는 이유로 영장이 기각된다.

영화는 효정이 자신의 이야기를 써서 인쇄한 종이를 잔뜩 들고 건물 옥상으로 올라가 옥상 난간에 종이를 올려놓고 뒤돌아 나가면서 끝을 맺는다.

이 영화는 그간 영화계에서 볼 수 없었던 여성 노인의 성폭력에 대한 주제를 담고 있다. 영화가 주는 메시지는 우리나라에서 여성으로 살아가는 것이 얼마나 힘든가를 보여 준다. 더욱이 여성 노인이라는 것 자체에 대한 사회적 편견이 얼마나 큰 문제인가를 보여 준다.

이 영화는 여성 노인의 성폭력에만 포커스를 맞추기보다는 여성 노인도 하나의 인간으로서 존중받아야 한다는 것을 알려 주고 있다.

8부

노인 성 문제의
해결 방법

노인들이 성폭력의 가해자나 피해자가 되지 않기 위해서는 노인들을 대상으로 한 성교육을 통해 성에 대한 올바른 인식을 갖게 하는 것이 중요하다. 그러나 대부분의 노인들은 성에 관한 이야기를 꺼내면 속으로는 관심이 많지만 겉으로는 '점잖지 못하다', '주책이다', '쑥스럽다' 등의 반응을 보이며 부담스러워 한다. 이러한 상태에서는 올바른 인식을 갖게 하기가 어렵다. 성에 대한 올바른 이해를 갖기 위해서는 성이란 창피한 것이 아니며 자연스러운 것이라는 인식의 전환부터 필요하다.

노인 세대들의 성에 관련된 문제들은 대부분 성에 대한 올바르지 못한 생각이나 잘못된 지식으로 인해서 발생하는 경우가 많다. 그리고 노인이 성에 대한 사회적 편견과 폐쇄성은 노인의 성 문제를 음성화시켜 성매매로 인한 성 매개 감염 질환의 노출, 성폭력, 무배우자 노인의 성 등 여러 가지 사회문제를 야기하고 있다.

노인 성 문제를 해결하기 위해서는 노인들이 성을 올바로 볼 수 있거나 성적인 욕구를 해결해 주는 교육 프로그램의 개발이 절실하다. 더욱이 갈수록 늘고 있는 성병이나 성폭력 방지를 위해 정책적·예방책 차원에서 성교육 프로그램이 꼭 필요하다.

이러한 내용을 종합하면, 성기능 장애, 남녀 성 역할, 성 관련 신체적·심리적 발달, 성윤리, 성교 기술과 지식, 성병 및 치료에 대한 내용이 노인 성교육 프로그램에 포함되어야 한다.

이미 많은 기관에서 노인들을 대상으로 성교육 프로그램이 실시되고 있지만, 너무 형식적으로 운영되어 효과가 없는 경우가 많다. 따라서 이러한 문제를 해결하여 만든 성교육 프로그램을 보면 다음과 같다.

시간	1일차	2일차
09:00~10:00	접수 및 등록	노인 성 상담 사례와 실제
10:00~11:00	고령화시대의 노인 성 문화	노인 성 상담 사례와 실제
11:00~12:00	고령화시대의 노인 성 문화	
12:00~13:00		점심식사
13:00~14:00	점심식사	노인 성 의식과 성적 욕구 해결 방법
14:00~15:00	의학적인 면에서 본 노인의 성	노인 성 의식과 성적 욕구 해결 방법
15:10~16:00	의학적인 면에서 본 노인의 성	분임토의 (노인 성 문제 및 성폭력 해결 방안)
16:00~17:00	비디오 시청 (노인의 성. 정년은 없다)	분임토의 (노인 성 문제 및 성폭력 해결 방안)

노인을 위한 성교육 프로그램은 삶의 질을 높이는 데 있어 성의 중요성과 긍정적인 인식 제고를 위해 실질적인 성교육이 제공

되어야 한다. 따라서 노인 성교육은 올바른 성 지식과 개방적인 성 태도 향상에 목적을 두어야 한다.

노인 성교육은 종합복지관, 보건소, 노인 병원, 노인정, 노인 요양원 등 노인들의 접근이 용이한 장소에서 정기적으로 실시하는 것이 중요하다. 그리고 노인의 성에 대해서 올바른 판단을 하거나 성에 대한 고민을 해결하기 위해서는 노인 성 문제 전문 상담소를 설치하는 등의 지원이 필요하다.

❷ 노인의 성에 대한 편견을 버려야 한다

사람은 누구나 성에 대한 기본적 욕구를 가진다. 마찬가지로 노인들도 성에 대한 욕구를 가진 존재라는 것을 인식해야 한다. 그럼에도 우리의 현실은 여전히 노인에 대해 성적인 욕구가 없어진 존재라고 생각하거나, 노인이 성적 욕구의 존재임을 인정한다고 하더라도 성적인 관심과 욕구를 가져서는 안 된다는 편견이 강하다. 실제로 노인들의 성에 대한 편견은 다음과 같다.

☑ 노인에게 성은 중요하지 않다.
☑ 노인의 성에 대한 관심은 추한 것이다.
☑ 노인의 재혼은 안 된다.

행복한 노후를 위한 노인의 성

- ☑ 남성 노인이 젊은 여성을 찾는 것은 합당하나 그 반대는 안 된다.
- ☑ 노인들은 성적 욕망이 거의 없다.
- ☑ 노인은 성적 욕구가 생겨도 인격이 있기 때문에 잘 인내할 수 있다.
- ☑ 노인은 사랑을 하지 못한다.
- ☑ 노인은 자위에 대해서 관심이 없다.
- ☑ 노인의 성은 오히려 건강을 해친다.
- ☑ 노년기의 이성 간의 교류는 풍기 문란이다.
- ☑ 노인의 성적 욕구의 표현은 비난의 대상이다.
- ☑ 노인이 성적 욕구를 느끼면 정신 이상이다.
- ☑ 노인의 성폭력은 아주 특이한 현상이다.

노인의 성에 대한 편견은 잘못된 것이며, 사실은 반대라고 할 수 있다. 문제는 성적인 능력이 활발한 노인일지라도 사회적 인식이 이처럼 편견을 갖게 되면, 정작 노인들은 이러한 믿음을 자의 반 타의 반으로 받아들여 자신의 성적 욕구를 억제하거나, 심한 경우에는 자신은 이제 성적 능력이 없다고 인정하게 되는 결과를 가져온다.

그리고 노인의 성에 대한 편견은 노인으로 하여금 자신의 성적 욕구를 자연스럽게 표현하지 못하게 하고, 강제된 금욕으로 스스로를 제약하게 하기도 한다. 심지어는 노인들이 성에 관련된 생각을 하는 것 자체를 불결하게 생각하게 하거나, 성을 단순히 자손 번식을 위한 생식 행위만으로 여기게 된다.

이러한 상태에서는 노인들은 스스로 자신감을 잃게 되고, 노인의 성에 대하여 부정적인 생각이 발전하여 발기부전으로 이어지며, 행복한 성생활을 유지하기 힘들다. 이처럼 편견과 왜곡된 시각으로 노인들의 성생활을 보게 되면, 노인들의 성생활은 점차 양지에서 음지로 파고들게 돼 노인들의 음성적인 성매매, 성병에 걸린 것을 숨기려는 현상, 노인 성폭력 문제를 만드는 요인이 된다.

❸ 여가 생활을 즐긴다

'여가(leisure)'는 '자유로운 것'을 뜻하는 라틴어 'licere'에서 파생하였다. 여가의 사전적 의미는 자유로운 시간, 일이 없어 남는 시간, 취미 활동 등 여러 의미로 사용하고 있다. 따라서 여가는 '남는 시간에 즐거움을 얻기 위한 자유로운 시간'을 말한다. 여가 생활은 노후에 남는 시간에 스스로 즐거움을 얻기 위해서 자유로운 활동을 하는 것을 말한다.

노후의 일상생활은 모두 자유로운 시간이니 그 자체가 곧 여가

　　　　　행복한 노후를 위한 노인의 성

생활인 셈이다. 따라서 노후 생활은 여가 생활이 전부라고 해도 과언이 아니다. 그러나 아무것도 하지 않고 무료한 시간을 보내게 되면 자연스럽게 본능이 발동하게 마련이다. 특히 할 일이 없으면 성적 욕구가 강해져서 무료한 시간 동안 성폭력에 노출되기 쉽다. 반면에 여가 생활에 몰두하다 보면 그만큼 성적 욕구가 생길 시간이 줄며, 성폭력에 노출될 확률도 줄어들게 된다.

[1] 노인들의 여가 실태

서울시가 2015년에 조사한 '서울시민 여가문화 생활 통계'에 따르면 서울에 거주하는 60세 이상 시민이 주말과 휴일에 가장 많이 하는 여가 활동은 TV(DVD) 시청(55.9%), 종교 활동(13.2%), 여행(7.7%), 휴식(7.7%), 운동(5.4%), 문화예술 관람(2.9%), 사회봉사 활동(2.5%), 창작적 취미 활동(2.4%), 운동 및 경기 관람(1.3%) 순인 것으로 나타났다. 여기서 남성의 주된 여가 활동은 TV(DVD) 시청 56.6%, 종교 활동 9.4% 순이고, 여성은 TV(DVD) 시청 55.3%, 종교 활동 16.5% 순으로 나타났다.

가장 희망하는 여가로는 TV(DVD)시청 29.8%, 여행 27.7%, 종교 활동 13.3% 순이었다. 남성은 TV(DVD) 시청 30.0%, 여행 27.6%, 종교 활동 9.5% 순이고, 여성은 TV(DVD) 시청 29.6%, 여행 27.7%, 종교 활동 16.6% 순으로 나타났다.

〈표 8-2〉 주말과 휴일에 가장 많이 하는 여가 활동

(단위 : 명)

TV 시청	종교 활동	여행	휴식	운동	문화 예술	문화 예술	봉사 활동	취미 활동	운동 관람
55.9	13.2	7.7	7.7	5.4	2.9	2.9	2.5	2.4	1.3

_ 출처 : 서울시(2015), 서울시민 여가문화 생활 통계

　　다른 통계도 종합해 보았을 때 우리나라 65세 이상 노인의 여가 활동을 보면 TV시청이 1위를 차지하고, 다음으로 수면, 가사, 사교, 가족과 함께 보낸다는 순으로 나타났다. 여행, 스포츠, 봉사 활동 등으로 여가를 즐긴다는 응답자는 상대적으로 적게 나타났다. 그리고 노인들이 가장 많은 시간을 보내는 곳은 경로당이나 노인복지관으로 나타났다.

　　청주시에서 조사한 결과, 경로당에서 노인들이 보내는 여가 활동은 오락(윷놀이, 화투 등)이 58%로 가장 많은 비중을 차지했고, TV시청은 15%, 스포츠 분야(게이트볼, 탁구, 헬스 등)는 23%, 교육 분야(컴퓨터, 한글 등)는 6%로 활동이 저조했다. 또한 희망하는 여가로 여행 39%, 취미 생활 30%, 문화생활 12% 순으로 나타나, 쉬면서 즐길 수 있는 활동을 선호했다.

행복한 노후를 위한 노인의 성

(단위 : 명)

오락	TV시청	스포츠	취미생활	문화생활
58	15	23	30	12

_ 출처 : 청주시청(2017). 경로당에서 주로 하는 활동 통계 자료

지금까지 나와 있는 한국 노인들의 여가 활동 실태를 분석해 보면, 노인들이 가장 많이 하는 여가 활동은 TV 시청으로 나타났다. TV 시청이 많은 이유는 학식과 건강에 관계없이 돈이 들지 않는 가장 절대적인 오락거리이기 때문이다.

노인은 젊은이에 비해 체력이 필요한 스포츠나 레크리에이션 활동 등의 참여율이 저조하고, TV나 오락으로 무료하게 보내는 시간이 더 많은 것으로 나타났다. 그리고 여가 시간의 활용은 노인 개인의 처지에 따라 다르며 대개 어느 정도의 돈을 소비할 수 있느냐의 재정 상태에 따라 다르게 나타난다. 또한 젊은이에 비해 노인들은 사회 활동이나 봉사 활동 등 함께 즐기는 여가 활동에 소극적인 것으로 나타났다.

[2] 노인들이 하기 좋은 여가 활동

여가 활동은 노년기의 생활 만족도나 행복감 등 삶의 질을 추구하는 데 상당한 영향력을 미치고, 개인의 다양한 목적을 성취

하게 하는 수단이 될 수 있기 때문에 궁극적으로는 노인들의 행복한 노후 생활을 보내는 데 필수적이라고 할 수 있다.

실제로 노후의 여가 활동은 사회적 역할 상실에 따른 고독감을 해소하고, 자기 존중과 자아정체성을 유지하며, 삶의 만족 등에 기여한다. 그뿐만 아니라 노년기의 여가가 고독이나 소외감을 극복할 수 있는 방안이 될 수 있으며, 노년의 여가 활동 요인들이 노인의 생활 만족도 및 심리적 안정감과 연결되어 결과적으로 행복한 노후의 생활하는 데 중요한 영향을 미친다.

노후를 행복하게 살기 위한 여가 활동은 크게 다음의 일곱 가지로 나누어 볼 수 있다.

① 자원봉사형 : 타인을 도우며 삶의 의미와 보람을 느끼는 여가 활동으로 자원봉사 활동, 도우미, 문해교육사, 관광해설사 등이 있다.

② 취미형 : 스스로 좋아하는 여가 활동을 선택하여 즐김으로써 성취감을 느끼는 여가 활동으로 인터넷 활용, SNS 활용, 수집하기, 장기, 바둑, 화투, 사진, 그림 그리기, 당구, 포켓볼, 악기 연주, 노래 부르기 등이 있다.

③ 학습형 : 새로운 것을 배우며 행복감, 만족감을 느끼고 지적 학습을 할 수 있는 여가 활동으로 평생교육기관에서 학습하기, 관심 있는 분야 공부하기, 외국어 학습 등이 있다.

　　　　　　　　　　　　　행복한 노후를 위한 노인의 성

④ 관계 지향형 : 가족관계 증진이나 친구와의 만남 등을 통한 사교적인 여가 활동이다.

⑤ 건강 관리형 : 신체적·정신적·사회적 건강을 지키는 여가 활동으로 운동, 골프, 탁구, 게이트볼, 자전거 타기, 마라톤, 걷기, 등산, 국궁, 양궁, 스포츠댄스, 운동 경기 관람 등이 있다.

⑥ 문화형 : 문화적인 욕구를 해결하기 위해서 하는 여가 활동으로 신문·책 읽기, 영화나 텔레비전 시청 등이 있다.

⑦ 여행형 : 국내나 해외를 여행하며 여가 활동을 하는 것을 말한다.

노후에 행복한 여가 생활을 위해서는 여가 활동을 통하여 사회 심리적인 욕구를 만족시킬 뿐만 아니라 심신 건강을 증진하고 자아정체감과 자기효능감을 유지하며 삶의 만족을 높일 수 있어야 한다.

| ❹ 이성을 사귈 수 있는 기회를 늘린다 |

노인 성 문제나 성폭력을 줄이는 방법으로 노후의 자연스러운 이성 교제의 기회가 제공되는 모임이나 상담소 등을 개설해 주

는 것도 바람직하다. 배우자가 있는 노인들보다 독거노인들의 성 문제가 특히 심각하며, 노인을 대상으로 하는 성매매가 독거노인들을 중심으로 일어나고 있다. 따라서 독거노인들에게 이성 교제와 재혼은 매우 중요한 하나의 대안일 수 있다.

최근에는 노인들이 모여 자신들의 처지에 대한 대화를 나누거나, 모임을 목적으로 '실버카페' 활동이 증가하고 있다. 그뿐만 아니라 이성과의 만남을 목적으로 콜라텍, 효도 미팅, 하루 커플 여행, 커플 취미 교실, 노인복지관, 외모 가꾸기 등 새로운 노인 문화가 형성되고 있다.

현재 우리나라 노인들이 쉽게 이성을 만날 수 있는 시설로는 경로당, 사회복지관, 노인복지관, 노인 휴양시설 등이 있고, 기타 종교단체나 사회단체 또는 노인단체에서 실시하는 여가 프로그램과 노인을 소비자로 보는 기업에 의해서 제공되는 관광, 오락, 운동 프로그램 등이 있다.

[1] 경로당(어르신 쉼터)

경로당은 노인들이 손쉽게 접근할 수 있는 여가 활동 장소이다. 노인들을 위한 사랑방 개념으로 시작한 경로당은 노인을 위한 여가 시설로 그 숫자가 날로 증가하고 있다. 현재 전국에는 5만 개소의 경로당이 있다. 이처럼 수많은 경로당들이 전국 각 동네마다 설치되어 있어 지역 노인들이 손쉽게 이용할 수 있다.

그러나 대부분의 경로당은 그 시설 공간이 협소하고, 내부시설이 열악하여 심지어 화장실이 없는 곳도 있으며, 가건물 형태의 경로당도 있고, 운영 자금 또한 부족하여 지역 노인들의 여가 욕구를 충분히 채워 주지 못하고 있다. 경로당 프로그램을 활성화하기 위해서는 지역 읍, 면, 동사무소, 보건소 및 보건지소, 그리고 지역 복지관 등이 연합하여 경로당을 이용하는 노인들에게 필요한 여가와 교육 서비스를 제공해야 할 것이다.

[2] 노인학교(노인대학)

노인학교(노인대학)는 주로 노인단체, 종교기관, 또는 일반 사회단체에서 설립·운영하고 있다. 노인학교의 설립 목적은 학습 활동을 통하여 노인들이 건강 증진을 위한 폭넓은 지식을 가지고, 취미를 살려 여가를 즐겁게 보내는 데 있다. 또한 동년배 노인들과 친교를 유지하고, 정치·경제·사회·문화 변화에 적응할 줄 알며, 생산적인 활동을 계속하여 사회 발전에 기여하고, 배우자나 자신의 죽음에 대한 준비를 할 수 있도록 하는 것이다.

노인학교는 현재 전국적으로 2,000여 개가 개설되어 있으나 그 시설, 장소, 교육 내용, 학습 시간, 강사, 자원 조달 등이 설립기관에 의해 결정되고 운영되기 때문에 정확한 숫자나 실태 파악이 어렵다. 또한 노인학교 프로그램에 참여하려면 회비, 교통비, 식비 등 경비가 들기 때문에 저소득층 노인들에게는 재정적인 부담이 된다.

[3] 노인복지회관, 노인종합복지관

노인복지회관이나 노인종합복지관은 노인복지법상 이용시설로 규정되어 있으며 지역 사회 노인들에게 필요한 여가 프로그램을 포함한 제반 서비스를 무료 또는 저렴한 요금으로 제공하고 있다. 현재 전국에 200개소의 노인복지(회)관이 있다.

각 노인복지(회)관에서는 재가노인을 위한 가정봉사원 파견 사업과 주간보호사업뿐만 아니라 노인 취업 교육 및 알선 사업, 노인 교육, 운동 및 오락 프로그램, 노인을 위한 자원봉사 프로그램, 노후 생활에 관련된 다목적 프로그램을 개발하여 지역 노인들에게 종합적인 서비스를 제공하고 있다. 이외에도 전국에 있는 360여 개의 사회복지관에서도 재가 노인복지사업의 일환으로 여가 활동 및 자원봉사 프로그램을 실시하고 있다.

[4] 노인휴양시설

노인휴양시설은 1989년 개정된 노인복지법에 의하여 새로 규정된 노인 여가 시설이며, 60세 이상 노인 및 동행인이 이용할 수 있다. 다만 이용 인원이 정원에 미달될 때는 정원의 30% 범위 안에서 그 외의 사람도 이용할 수 있다. 노인휴양시설의 설립 목적은 노인의 심신 휴양을 위한 여가 시설, 위생시설, 기타 편의시설 등을 제공하는 데 있다. 이용 정원은 20인 이상이어야 하며, 객실은 10실 이상이어야 한다.

| ❺ 부부간에 대화를 많이 한다 |

노인의 성적 욕구는 부부간에 해결하는 것이 가장 좋다. 그러나 남성은 부부 관계를 하고 싶어도, 여성이 거부하는 경우가 많다. 여성이 남성의 성관계를 거부하는 이유는 매우 많지만, 가장 일반적인 것은 여성의 성적 욕구도 감소하고, 부부 관계를 가지려면 성교 시에 고통도 많이 따르기 때문이다. 따라서 부부 관계

를 하기 위해서는 먼저 여성 노인의 마음을 대화로 여는 방법이
가장 좋다.

일반적으로 권위적인 남자 노인들은 가부장적이고 권위적인
생각을 가지고 대화를 하는데, 이럴 경우 당연히 여성 노인은 대
화 자체도 회피하기 쉽다. 노년의 부부는 대화를 할 때 상대의
감정이 상하게 하지 않도록 동의를 구하고 서로를 격려함으로써
좋은 관계를 유지할 수 있다. 부부간에 좋은 관계를 유지하기 위
해서는 다음과 같이 대화하는 것이 좋다.

[1] 상대방을 배려한다

부부는 서로 편한 생활을 할 수 있도록 배려해 주어야 한다.
즉, 부부가 서로 무엇을 원하고 무엇을 싫어하는지를 알아서 원
하는 것을 해 주고 싫어하는 것을 하지 않는 것이다. 예를 들어
아내가 친구들과 자주 만나고 싶어 하면 남편은 이를 이해해 주
고 지원해 주면 된다. 또한 아내가 말 못하고 있는 일이 있다면
그것을 찾아서 함께 해결해 주도록 노력하는 것이다. 여성들은
실제로 과거엔 경제적 약자였기 때문에 불만이 있지만 그냥 참고
지냈을 뿐이다. 그러나 노인 연령이 되면 대체로 하고 싶은 말이
나 행동을 솔직하게 하게 된다.

[2] 상대방을 인정해 주어야 한다

노년기의 부부는 서로의 자존감을 인정해 주어야 한다. 부부는 한편의 필요에 의해서 종속되는 것이 아니라, 서로가 필요한 존재라는 생각을 가져야 한다. 이에 따라 서로 필요한 존재가 되기 위해서는 부부로서 아낌없이 애정을 주고받으며 공동의 관심사를 만들어야 한다. 공동의 관심사를 만들기 위해서는 같이할 수 있는 취미를 만들거나, 화젯거리가 고갈되지 않도록 노력해야 한다. 예를 들어 부부가 등산을 하게 되면 자연스럽게 등산에 관련된 대화 거리가 생기고 같이할 수 있는 공동의 관심사가 생긴다. 공동의 관심사가 생기면 상대방을 이해하고 인정하는 마음을 갖게 된다.

[3] 상대방에게 칭찬과 격려를 해 준다

특히 배우자가 긍정적인 자아정체성을 가지도록 칭찬과 격려를 하고 지지해 줄 때, 남은 인생이나 부부 관계에 대한 만족감이 높은 것으로 나타났다. 즉, 퇴직한 남편이 부인에게 그동안 가정일을 하면서 수고한 부분들을 격려해 주면 자신이 지금까지 한 일이 가족을 위해서 중요한 일이었다는 자존감을 가질 수 있다. 이러한 자존감은 가정 내에서 상대방의 역할에 감사하는 기회가 되고, 자신감을 갖고 살 수 있도록 해 준다.

[4] 자신의 요구를 정확히 표현한다

남편과 아내는 서로를 잘 아는 것 같으면서도 모르는 게 많다. 부부 관계 문제는 큰 것보다 작은 것에서 시작되는 경우가 많다. '상대방이 알아주겠지'라고 생각해서 알아줄 때까지 기다리기만 해서는 오히려 관계를 악화시킬 뿐이다. 따라서 자신의 생각이나 요구 사항을 부드럽고 명확하게 표현하도록 해야 한다.

[5] 서로에게 필요한 존재라는 느낌을 받게 한다

부부가 대화를 할 때 서로에게 필요한 존재라는 인식을 갖도록 애정을 가지고 대화를 나누어야 한다. 예를 들어 "지금까지 내가 이렇게 잘 살게 된 것은 전부 당신 덕분이야. 내 인생에서 가장 소중한 사람은 당신이야."와 같은 말은 상대방이 사랑받고 있다

행복한 노후를 위한 노인의 성

는 생각을 갖게 해 준다.

[6] 대화 주제를 다양하게 한다

대화 주제가 자녀나 집안일에 국한되면 대화가 일상적인 것이 되어서 아무 도움이 되지 않는다. 따라서 대화를 하고 싶은 생각을 갖게 하려면 자녀나 집안 일 같은 일상적인 주제에서 벗어나 화젯거리가 고갈되지 않도록 대화 주제를 다양하게 해야 한다.

| ❻ 황혼 재혼 |

무배우자 노인들은 젊어서처럼 이성과의 교제가 현실적으로 어렵기 때문에 성적인 만족감을 제대로 표현할 기회를 얻지 못한다. 노년기도 인생의 기쁨을 나누는 순간들의 연속이다. 한 개인의 존재가 중요함을 인식한다면, 평생에 걸쳐 표현할 수 있는 성의 의미를 과소평가하거나 성 욕구에 무관심하기를 기대하는 것은 어려운 일이다. 홀로된 노인들이 이성 친구들을 사귀는 데 어려움이 따르며, 상담을 통해 재혼을 결심하는 경우가 많았던 것으로 밝혀졌다.

배우자가 없는 노인들의 대부분은 황혼 재혼과 이혼에 대하여 매우 긍정적인 반응을 보인다. 특히 인간의 기본적인 욕구의 충족을 위하여 재혼과 이성교제의 필요성을 언급하고 있다. 사별한 여성 노인의 대부분은 자녀보다는 주변의 친구들로부터 이성 교제를 권유받고 있으며, 그들 대부분은 자신들의 이성 교제와 재혼 문제에 대해 자녀로부터 적극적인 찬성은 기대하지 않지만 반대하지 않았으면 좋겠다는 반응을 나타내고 있다(유성호, 김혜경, 2003).

노인의 성적 표현은 인간 본능의 감정이며, 노인에게 있어서 성은 쇠퇴해 가는 생물학적 과정에 마지막으로 쾌락을 줄 수 있는 것인 동시에 노후의 심리 정서적인 건강을 향상시킬 수 있는 요인이 된다. 따라서 노인의 성적 욕구가 단순히 억압되고 장기간의 금욕 생활로 인한 폐용성 위축(廢用性 萎縮, Inactive Atrophy)을 초래시키기보다는, 성숙하고 숙련된 방법으로 표현될 기회가 주어져야 할 것이다.

| ❼ 자원봉사를 한다 |

은퇴 후 행복한 인생을 만드는 방법으로는 자원봉사 활동이 있다. 자원봉사는 어떤 일을 대가 없이 자발적으로 참여하여 돕는 것을 말한다. 자원봉사에 임하는 사람은 다양한 형태로 보상을 얻는다. 예를 들어 보람이나 경험 등 정신적 보상이나 교통

행복한 노후를 위한 노인의 성

비나 식사비, 소정의 활동비 등을 제공받는 금전적 보상이 있을 수 있다.

　은퇴자들에게 있어 자원봉사는 적극적인 사회 참여 계기가 된다. 이를 통해 무기력하고 의미 없는 삶에 활력을 줄 수 있고, 이로 인해 노인 자원의 적극적 활용 극대화를 이룰 수 있다.

　노인복지법 제23조(노인 사회참여 지원)에는 "국가 또는 지방자치단체는 노인의 사회 참여 확대를 위하여 노인의 지역 봉사 활동 기회를 넓히고 노인에게 적합한 직종의 개발과 그 보급을 위한 시책을 강구하며 근로 능력이 있는 노인에게 일할 기회를 우선적으로 제공하도록 노력하여야 한다."라고 되어 있다. 또한 "국가 또는 지방자치단체는 노인의 지역 봉사 활동 및 취업 활성화를 위하여 노인 지역봉사기관, 노인 취업알선기관 등 노인복지 관계기관에 대하여 필요한 지원을 할 수 있다."라고 되어 있다. 이에 따라 지방자치단체별로 지역에 맞는 자원봉사 프로그램을 개발하고, 많은 수의 자원봉사자를 양성하여 활용하고 있다.

　자원봉사가 노인 개인적 측면에서 중요한 이유를 보면 다음과 같다.

☑ 개인적 능력을 활용하게 되어 생활의 의의나 보람을 느낄 수 있다.
☑ 여가를 건전하게 이용하여 개인의 발전을 도모할 수 있다.

☑ 자원봉사자 간의 교류를 통하여 정보를 교환하고, 사회의 식을 고취하여 봉사자 자신의 문제를 살펴보게 되어 자신의 문제 해결에도 도움이 된다.

☑ 사회문제 해결에 참여하여 전문적 지식을 증가시킬 수 있다.

☑ 자원봉사자 간의 연대 의식을 갖게 되어 지역사회의 소속감과 국민의식을 갖게 된다.

☑ 사회문제에 접근하고 치료하면서 사회나 국가에 대해 긍정적 견해를 갖게 된다.

☑ 사회복지시설 · 단체 · 지역사회 등 기존 사회복지 체계 변화의 중추적 역할을 할 수 있다.

노후에 자원봉사를 활성화하기 위해서는 우선적으로 일상적이고 주변적인 단순 노력 봉사 활동이 아닌, 자신의 전문적인 지식과 능력을 활용할 수 있는 분야를 개발하는 것이 시급하다. 그뿐만 아니라 은퇴자 스스로 자원봉사단체를 결성하고 프로그램을 개발할 때 자원봉사는 더욱 의미가 있다.

프로보노란 '공익을 위하여'라는 뜻의 라틴어 'pro bono publico'의 줄임말이다. 원래는 전문적인 지식이나 서비스를 공익 차원에서 무료로 제공하는 것을 말하는데, 법조계에서는 경제적 여유가 없는 사회적 약자들을 위해 무보수로 변론하거나 자문해 주는 봉사 활동이라는 뜻으로 쓰인다. 프로보노들은 자신의 전문적인 분야에서 도움을 준다는 점에서 일반적인 자원봉사와는 다르다.

최근 지역별로 이루어지고 있는 자원봉사 프로그램을 보면, 지역봉사지도원 위촉, 각종 복지서비스 수혜에서 제외되는 대상을 지원하는 프로그램, 민간 분야의 각종 기금으로 운영되는 프로그램이 있다.

은퇴 후에 자원봉사 일감을 찾기 위해서는 지역 자원봉사센터, 노인복지관, 사회복지시설 등에 등록하고 그 기관에서 시행하는 자원봉사 프로그램에 참여하는 것이 가장 쉬운 방법이다. 다음으

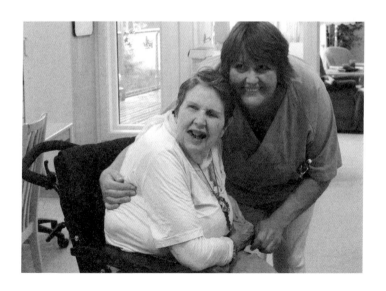

로는 지역의 경로당, 사회복지관이나 노인복지관, 기타 노인단체나 자원봉사단체에서 이루어지는 일에 참여하는 방법이 있다.

그러나 자원봉사 활동에 대한 보호, 보상 등 유인 제도가 제대로 마련되어 있지 않아서 아직은 은퇴자들의 자원봉사 활동 참여가 저조한 편이다. 따라서 자원봉사 활동을 증진하기 위해서는 자원봉사활동지원법을 제정하여 국가의 행정적·재정적·법적 지원을 통해 자원봉사 활동을 위한 재원 확보, 자원봉사자의 상해보험, 건강검진, 봉사은행제 등 사회적 지원이 확립되어야 할 것이다.

| ❽ 일을 한다 |

우리나라의 모든 직장은 60세에 정년퇴직 하도록 되어 있고, 정년이 다른 직업보다 긴 교사는 63세, 교수는 65세에 원하든 원하지 않든 은퇴를 해야 한다. 10년 전의 평균 수명이 65세 정도였기 때문에 60세까지 일할 수 있는 직장은 평생직장의 의미를 가지고 있었다. 현재는 평균 수명이 80세를 넘고 있으며, 앞으로 10년 후면 평균 수명은 90세를 넘을 것으로 예측하고 있다. 그뿐만 아니라 앞으로 장기를 교환할 수 있는 기술이 보편화되면 사람의 수명은 100세를 넘어 심한 경우에는 150세를 넘길 수 있다

는 의학자들의 보고까지 있다.

따라서 아무리 정년이 보장되는 회사라고 해도 공무원을 제외하고는 60세를 넘기면 평생직장이라고 보기는 어렵다. 근대 사회에서는 평생직장의 의미가 강해 한번 취업하면 정년을 맞을 때까지 한 회사에서 근무하고 퇴직하여 노후를 맞이하는 게 직업 선택의 기준이 되었다. 그러나 시대의 변화는 이러한 평생직장의 의미를 상실시켰다. 따라서 지금처럼 평균 수명이 80세를 넘는 시대에는 노인 실업자를 대폭적으로 양성하는 결과를 가져오고 있다. 평균 수명의 증가에 따라 일자리를 찾으려는 노인들이 늘고 있다.

통통계청의 이혼 통계 자료를 보면 인생을 살면서 부부가 이혼하는 사유를 보면 남성의 가정 소홀이 29.0%로 1순위를 차지하였다. 그다음으로는 경제력 부족, 권위주의 등이었다. 그러나 노년기의 이혼 사유를 보면 남성의 외도보다는 경제력 상실과 실직이 54.0%로 대부분을 차지하였다. 부부가 사는 데 경제력과 권위의 상실이 얼마나 중요한가를 알게 해 주는 대목이다. 그만큼 노년기에는 남자의 경제 활동이 가정에 많은 영향을 미친다는 것을 알 수 있다.

일하는 노인들의 장점은 헤아릴 수 없이 많다. 그중에서도 가장 중요한 것은 노후 준비를 하지 못한 노인들은 일자리를 통해서 경제적으로 보충할 수 있다는 것이다. 그리고 건강상으로도 일하지 않는 노인보다 일하는 노인이 훨씬 건강한 것으로 나타났다. 더욱이 노인이 일을 하면 사회에 의존적인 느낌이 아니라 사회의 주류로서 자기존중감이 높아져 정신적으로도 건강해진다고 한다. 노인들은 힘써 일해 사회의 어엿한 주체로 거듭나기를 희망하고 있다. 그래서 노후에도 일을 하는 것이 가장 중요하다.

우리나라에서는 정부에서도 노인들의 일자리 창출을 위하여 노인 일자리 사업을 진행하고 있다. 노인 일자리 사업은 고령사회에서 발생할 수 있는 다양한 노인 문제를 사전에 예방하고, 노인들의 적극적인 사회 참여 확대를 통해 사회적 가치 창출을 극대화하기 위함이다. 그뿐만 아니라 노후 건강 유지, 보충적 소득 지원 등의 사회적 비용을 절감하는 효과가 있다. 노인 일자리 사업을 위한 각 기관의 역할을 보면 다음과 같다.

〈표 8-5〉 정부 기관의 노인 일자리 관련 사업

기관명	주요 추진 사업
보건복지부 (노인지원팀)	• 노인 일자리 정책 결정 및 종합 계획 수립 • 노인 일자리 사업에 대한 법령 및 제도 운영 • 지자체 및 사업 수행기관의 노인 일자리 사업 지원(예산, 인력 등) • 대국민 홍보

행복한 노후를 위한 노인의 성

한국노인인력개발원	• 전국 노인 일자리 사업 추진 총괄 및 지원 • 지역의 노인 일자리 사업 수행 기관 간 연계·조정 • 노인 일자리 개발·보급 및 심사·평가 • 노인 일자리 관계자 교육·훈련 및 정책포럼 개최 • 노인 일자리 박람회 지원 및 실적 관리 • 노인 인력에 대한 수급 동향 분석 및 정책 개발 • 노인 인력 D/B 및 업무 지원 전산 시스템 구축 • 노인 일자리 사업에 관한 조사·연구
광역자치단체	• 시·도 노인 일자리 사업 추진 계획 수립 및 재정 지원 • 시·도 노인 일자리 사업 수행 전반에 관한 총괄·조정 • 시·도 노인 일자리 사업 홍보 추진 • 시·도 노인 일자리 박람회 개최 • 사업 수행 기관 전담 인력 교육
기초자치단체	• 시·군·구 노인 일자리 사업 추진 계획 수립 • 시·군·구 노인 일자리 사업 수행 전반에 관한 총괄·조정 • 사업 수행 기관 선정 및 수행 기관 사업 운영에 대한 관리·감독
	• 노인 일자리 관련 사업 수행 기관에 대한 재정·행정 지원 • 노인 일자리 사업 지역 협의체 구성·운영 • 노인 일자리 사업 발대식 수행 • 참여자 통합 소양 교육 실시 지원(민간 수행 기관 연계) • 노인 일자리 박람회 개최 지원 등
사업수행기관	• 노인 일자리 사업 실행 계획 수립·시행 • 노인 일자리 사업 참여자 모집, 등록, 상담, 선발, 교육, 현장 투입 등 일자리 관련 제반 업무 수행 • 보수 지급, 근무 상황, 업무 확인 등 참여자 관리 • 정기 간담회 개최, 만족도 조사, 사업 자체 평가회 등 사업 관리 • 참여자 관리, 보수 내역 등에 대하여 각종 업무 지원 전산 시스템 활용

은퇴 후에도 일자리를 얻기 위해서 먼저 선행되어야 할 것은 은퇴 전의 사회적 지위를 잊는 것이다. 넓은 마음과 베푸는 서비스 마인드로 재무장하고 일자리에 대한 높은 기대감은 내려놓는 것이 좋다. 은퇴 후 자신의 경력과 관련된 일을 지속적으로 할 수도 있지만, 특별한 경력 없이 일을 구하려면 다음과 같은 일자리를 고려해 보는 것이 좋다. 은퇴자들이 취업할 수 있는 일자리를 유형별로 살펴보면 다음과 같다.

[1] 공익형 일자리

공익형은 지방자치단체의 고유 업무 영역 중에서 환경, 행정, 시설 관리 등 노인들에게 적합한 일자리를 맡기는 것을 말한다. 공익형 일자리는 공익성이 강한 일자리로 지역 사회 발전 및 개발에 공헌하는 장점이 있다. 이를 통해서 지자체는 노인 일자리 창출과 동시에 지자체의 행정 비용을 절감하는 효과를 가져온다. 그뿐만 아니라 노인들 입장에서도 전문 기술이 없거나 많은 연령 등으로 인해 소외된 노인층에게 사회에 공헌할 기회를 제공함으로써 참여 노인의 자존감을 고취하는 효과가 있다.

구체적으로 공익형 일자리에는 거리환경 개선, 자연환경 보호, 교통질서 및 주차계도, 지역행정 조사, 지하철 이용질서 계도, 공공시설 관리, 사회복지 시설(생활시설에 한함)에 지원하는 일자리가 있다.

행복한 노후를 위한 노인의 성

[2] 교육형 일자리

교육형은 특정 분야의 전문 지식이나 경험을 소유하였거나 전문 교육을 받은 자가 교육 기관 및 문화재 시설 등에서 피교육자를 대상으로 강의 또는 해설을 하는 일자리를 말한다. 교육형 일자리는 노인들 중에서 특정 분야의 전문 지식 및 경륜 등을 가지고 있는 노인들을 대상으로 사회에 기여할 수 있는 기회를 주고, 참여 노인의 전문 능력을 향상시켜 수요처에서 자발적으로 활용하도록 한다.

구체적으로 교육형 일자리는 평생교육의 확대와 함께 1~3세대 강사(1세대 노인이 3세대 청소년을 지도하는 강사), 노노 교육 강사(노인이 노인을 가르치는 강사), 문해교육 강사(한글을 모르는 사람을 대상으로 한글을 가르치는 강사), 학습도우미(학생에게 공부 방법을 가르치는 강사), 노후설계 전문 강사, 구연동화 강사, 은퇴설계사, 취미활동 강사, 체육(건강)활동 강사를 양성하여 파견한다. 또한 지역의 문화재 해설, 숲 생태 해설, 늪 해설, 섬 해설 등을 가르쳐 해설사로 자원봉사를 하거나 고용하는 일자리가 있다.

[3] 복지형 일자리

복지형은 돌봄이나 상담 등 전문 기술을 습득한 건강한 노인이 사회적 취약 계층을 대상으로 필요한 사회 서비스를 제공하는 일자리를 말한다. 복지형 일자리는 건강을 유지하고 있는 동안 지역 사회 내 다양한 취약 분야에서 사회 서비스 확충을 위해 기여할 수 있는 기회를 부여하여, 참여자의 자긍심 증진 및 서비스 이용자의 생활 안정을 가져오는 효과가 있다.

구체적으로 복지형 일자리는 거동 불편 보호자 돌봄 서비스, 사회복지(생활) 시설 이용자 돌봄 지원, 소외 계층 지원, (노인)가구 주거 개선, 아동 청소년 보호(상담, 선도 활동 등), 문화 복지 사업 등의 일자리가 있다.

[4] 시장형 일자리

노인들이 공동으로 일정 수준 이상의 수익이 창출되는 다양한 업종의 사업단 운영을 통해 확보되는 일자리를 말한다. 시장형 일자리는 수익이 창출되는 경제 사회 활동에 종사하도록 지원함으로써 노인의 노후 자립심을 배양하며, 일정 기간(3년) 지원 후에는 매출 규모에 따라 인센티브 차등 지급 또는 독립 운영될 수 있도록 함으로써 예산 절감을 포함한 국가적 비용 절감 효과가 있다.

구체적으로 시장형 일자리로는 식품 제조 · 판매, 특산물 제조 · 판매, 공산품 제조 · 판매, 공동 작업장 운영, 지하철 택배, 세차 및 세탁, 지역 영농 사업 등의 일자리가 있다.

[5] 인력 파견형 일자리

인력 파견형이란 수요처의 요구에 의해서 일정 교육을 수료하거나 관련된 업무 능력이 있는 사람이 해당 수요처에 파견되어 근무한 대가로 임금을 지급받을 수 있는 일자리를 말한다. 인력 파견형 일자리는 수요처에서 임금을 지급받을 수 있는 여건을 만들어 노인의 노후 생활 보장을 지원하며, 업무 수행 능력 배양 등을 위한 일정 기간 교육 지원 후에는 파견 사업단별로 독립 운영될 수 있도록 함으로써 예산 절감 효과를 가져온다. 구체적으로 인력 파견형 일자리로는 시험 감독관, 주유원, 주례사, 경비원, 가사도우미, 미화원, 식당보조원 등의 일자리가 있다.

이처럼 다양한 일자리가 주어지지만 정부가 제공하는 교육형, 공익형의 일자리를 가지려면 자신이 체득한 경험과 지식을 바탕으로 새로운 공부를 해야 한다. 그렇지 못하면 단순 노동형, 시장형 일자리, 복지형 일자리, 인력 파견형 일자리에 집중되는 경향이 있다.

| ❾ 좋은 친구를 사귄다 |

좋은 친구는 말 그대로 노년기의 외로움을 달랠 수 있는 친구를 말한다. 옛말에 '친구가 많을수록 장수한다'라는 말이 있듯 무료하고 답답한 시간을 보내는 데 가장 효율적인 것이 바로 친구를 만드는 일이다. 인생을 행복하게 보내기 위해서 꼭 필요한 것이 좋은 친구다.

좋은 친구를 가지게 되면 그로 인해서 얻는 장점은 이루 헤아릴 수 없을 만큼 많다. 좋은 친구를 갖게 되면 얻을 수 있는 장점은 다음과 같다.

- ☑ 좋은 친구와 같이 있는 것만으로도 무료함과 외로움을 달랠 수 있다.
- ☑ 서로에게 좋은 말을 해줌으로 인해서 자존감이 높아져서 인생이 행복해진 다.
- ☑ 친구와 대화를 하면 어두운 마음이 밝아지면서 긍정적인 생각을 갖게 된다. 또한 성적 욕구를 수다로 풀 수도 있다
- ☑ 친구와 대화에 집중하는 동안 성적 욕구는 사라지게 된다.
- ☑ 성적 욕구를 해결하는 데 들어가는 에너지를 대화로 풀기 때문에 정신 건강에 도움이 된다.
- ☑ 좋은 친구를 사귀게 되면 객관적인 시각을 갖게 되어서 성폭력을 예방할 수 있다.
- ☑ 친구로부터 세상의 변화에 대한 이야기를 들을 수 있다.
- ☑ 친구로부터 위안을 받아서 우울증에서 벗어날 수 있다.

사회인들은 동료나 선후배들과 많은 인간관계를 가질 수 있지만, 노인이 되면 마땅하게 모임을 갖거나 친구를 만들 기회가 많지 않다. 노인이 되어서 친구를 만드는 가장 좋은 방법은 집에서 가까운 노인 복지관이나 문화센터 같은 곳에서 친구를 만드는 것이다. 그리고 노인 복지관이나 문화센터에서 운영하는 교육 과정에 등록하여 교육을 받으면서 친구를 사귀는 것도 매우 좋은 방법이다. 일반적으로 공부하는 사람들은 건전하고 발전적 성향을 가지고 있기 때문에 좋은 친구가 될 수 있다.

좋은 친구를 오랫동안 만나려면 베푸는 일에 인색해서는 안 된다. 현재의 내 경제 여건이 어렵지 않다면 아끼지 말고 자주 밥을 사거나 만남의 경비를 내주면 좋은 만남을 오래 유지할 수 있다.

노인 성 문제의 해결 방법

그리고 좋은 친구를 만나게 되면 자신의 이야기를 하기보다는 상대방의 이야기를 더 많이 들어 주면 좋은 관계를 오래 유지할 수 있다. 노년이 되면 말이 없던 사람도 자신에 대한 말을 하고 싶어 한다. 아무리 좋은 말이라도 자주 하면 가족도 싫어한다. 따라서 새로운 말이나 미래에 대한 이야기는 자주 해도 좋지만 과거 이야기, 특히 과거 지위에 대한 이야기는 다른 사람들에게 달갑지 않은 이야기라는 점을 염두에 두어야 한다. 남들에게 만나고 싶은 사람이 되고 싶다면, 남들이 이야기할 때 잘 경청해 주고 거기에 대해 긍정적인 반응을 보여 주는 것이 좋다.

| ❿ 섹스 자원봉사 제도를 도입한다 |

일본의 프리랜서 작가인 가와이 가오리는 『섹스 자원봉사』라는 책을 통해 섹스 자원봉사가 필요하다고 하여 사회적으로 논란을 일으켰다. 이 책은 장애인의 자위행위 비디오를 보고 나서 충격을 받아 지은이가 장애인의 성이라는 테마로 장애인들을 직접 만나 취재한 리포트이다. 2년여에 걸쳐 일본과 네덜란드의 실정을 취재했고, 자위를 하려는 노인의 자위를 도와주기도 하였다. 이로 인하여 일본에는 섹스 자원봉사자가 있으며, 이를 연결해 주는 웹사이트가 있다는 사실이 알려지게 되었다.

네덜란드에서는 혼자서 성적 욕구를 해결할 수 없는 장애인을 위해 유료로 섹스파트너를 보내 주는 제도가 있다. 네덜란드 돌도레히트시는 장애인에게 한 달에 세 번씩 시청에서 섹스 지원금을 지원하고 있다.

비록 우리나라는 아니지만 외국에서 장애인의 성에 대한 관심과 자원봉사의 대상에 섹스를 포함하고 있다는 사실은 우리에게도 적지 않은 충격이었다. 우리나라에서는 섹스 자원봉사란 뜻의 영화〈섹스 볼란티어〉가 개봉되어 다시 한 번 사회적으로 충격을 주었다. 이 영화는 여대생이 자원봉사 개념으로 장애인과 성관계를 맺다가 성매매 혐의로 경찰 조사를 받는 과정 속에서 일어난 사건을 그렸다.

이제 우리 사회에서도 장애인의 성에 대한 관심이 높아져 가고 있는 것만은 확실하다고 할 수 있다. 그러나 정작 노인들을 위한 성적 욕구를 해결하는 방법에 대해서는 관심 있게 봐주는 곳이 없다.

우리나라 요양보호사들은 요양서비스를 제공하는 일의 특성상 노인과의 1:1 노동 환경에 놓이는 경우가 많은데, 이 경우 성희롱이나 성폭행 등 신변의 위협을 느끼는 경우가 많다는 지적이다. 실제로 노인요양보호사 실태 조사에 의하면, 요양보호사 10명 중 3명이 이용의 폭언에 노출돼 있었고 16.7%는 성희롱에 노출돼 있다고 응답했다. 특히 신체적 폭력을 경험한 경우도 있어 요양보호사들이 근로 환경 속에서 폭언과 폭력, 성희롱 등의 위험에 놓인 것으로 드러났다.

실제로 요양보호 서비스라는 것 자체가 노인을 목욕시켜 드리는 등 신체 접촉이 있기 때문에 신체적으로 건강한 노인들은 성폭행이나 유사성교를 요구하는 경우가 많다는 것이다. 거동이 불편한 노인들은 말로 성희롱을 자주 한다고 한다. 그러나 이런 부분은 요양보호사들이 어떻게 받아들이느냐 하는 개인적인 감정차가 작용해 정부에서 대응하기 힘든 실정이다.

한국 사회는 노인이 되면 성적 욕구가 꺼져 버리는 것으로 간주하여 오랫동안 노인의 성적 욕구를 인정하지 않았다. 노인이 성적 욕구를 드러내면 '엉큼하다', '추접하다'는 등 저급한 표현으로 매도하며 노인들의 성적 욕구를 무조건 자제하기보다는, 노인 성 문제에 대해 관대한 분위기가 형성되고 건전하게 해소할 수 있는 사회적 여건이 마련되어야 할 것이다.

9부

꼭 알아야 할
성 지식

| ❶ 강장식품은 정력제가 아니다 |

동서양을 막론하고 몸을 건강하게 하고 활력을 높이는 강장식품에 대한 관심은 높지만 한국만큼 관심사가 높은 곳은 없다. 서구에서는 녹용, 웅담을 거저 줘도 안 먹는데, 세계 녹용 생산량의 80%를 우리나라에서 수입하고 있는 것만 보아도 알 수 있다.

한국인이 즐겨 찾는 강장식품의 종류로는 개고기, 장어, 지렁이, 뱀, 미꾸라지, 두더지, 굴, 잉어, 가물치, 녹용, 전복, 지네, 두꺼비, 개구리, 오골계, 흑염소, 곰 발바닥, 해구신 등 매우 많은 것이 강장식품으로 활용된다. 강장식품에는 주변에서 쉽게 구해 먹을 수 있는 것도 많지만, 특이한 동물이나 혐오 식품도 있다.

그러나 이러한 강장식품들이 오늘날의 영양학적인 관점에서 볼 때 모두 인체에 이로운 것이냐는 것에 대해서는 한번 고민해 볼 필요가 있다. 민간요법에 의해 알려진 강장식품이 당연히 좋을 것이라고 막연하게 생각하는 경향이 있다. 그러나 민간요법에서 강장식품이라고 하는 것이 반드시 영양가가 높은 것은 아니다. 때로는 사람 특유의 체질에 의해 조리 방법에 따라 질병을 가져오는 원인이 될 수도 있다.

많은 의학자들에 의해 강장식품에 대하여 과학적으로 평가하고 검토하는 연구가 많이 이루어지고 있으나, 영양학적으로 일부가 밝혀졌을 뿐이지 아직도 완전한 과학적 근거가 마련되지 못한 채 관습적 또는 신앙적으로 사용되는 경우도 적지 않다.

한국 사람들이 강장식품으로 가장 많이 먹는 보신탕이라고 하여 몸을 보하는 음식으로 믿고 있는 사람이 적지 않다. 그렇다면 과연 개고기, 뱀탕, 장어가 쇠고기나 다른 고기들보다 월등하게 좋은 영양 효과가 있는 것일까? 또 이러한 강장식품이 성생활에도 좋다고 하는데 과연 그럴까?

강장식품을 분석해 보면 영양분 중에서 단백질이 유난히 많다거나 지방분이 포화지방산으로 되어 있다는 등 특이한 성분이 들어 있어 효과를 나타낸다고 알려져 있다. 그러나 이러한 사실로 인해 강장식품이 다른 식재료에 비하여 값비싼 만큼의 특별한 효과를 가진다고 장담할 수 있는 근거는 아직 없다.

사람들이 좋아하는 강장식품들을 보면, 보편적으로 단백질이 많다는 사실을 들 수 있다. 지금까지 밝혀진 바에 의하면 이들 대부분은 단백질성 식품이다. 단백질이 부족하면 성호르몬의 분비 역시 감소되어 스트레스와 섹스에 약해지는 것은 당연하다고 보겠다.

단백질을 뜻하는 'protein'은 그리스어로 '제일'이라는 뜻인 'proteios'에서 유래한 만큼 단백질은 생명 현상에서 제일 중요한 물질이라 할 수 있다. 우리들이 먹는 고기, 우유 그리고 콩과 같은 곡물에 함유되어 있는 단백질은 우리 몸의 근육, 피부, 뼈 그리고 신체의 다른 구조물의 구성 원료로 사용된다. 신체의 모든 생화학 반응을 조절하는 물질인 효소와 호르몬 역시 단백질로 구성되어 있다.

단백질은 그 기본 단위인 아미노산이라는 물질들이 일렬로 연결되어 복잡하게 구부러지거나 엉킨 형태를 이룬 커다란 복합체로, 세포질의 주요 성분으로서 인체의 구조적 기본을 형성한다. 그리고 신체의 유지와 발육에 중요한 성분으로 작용한다.

그렇다면 음식물 중에서 단백질이 가장 많은 것은 무엇일까? 그것은 오히려 강장식품이 아니라 달걀이다. 실제로 달걀의 단백가는 완전수인 100이다. 이는 돼지고기의 단백가가 86이고 쇠고기는 83, 우유 78, 생선 70임을 감안할 때 가장 이상적인 단백질이라는 뜻이다. 특히 달걀은 생명을 잉태시키는 데 필요한 모든 영양소가 들어 있기 때문에 단백질에 관한한 완전식품이라고 부를 수 있다. 따라서 다른 강장식품들만 먹었을 때는 단백질은 과다하지만 다른 영양소가 부족해 영양실조에 걸릴 수 있지만, 달걀은 모든 영양소를 가지고 있는 완벽한 식품이기 때문에 달걀만 먹고도 살 수 있다.

그뿐만 아니라 인삼 같은 식물이 좋은 약이라고 하나 그 약으로 치료되는 병이 무엇
인지에 대해서는 구체적
으로 밝혀진 바 없다. 인
삼에는 사포닌이 있어
고혈압이나 당뇨병에 효
력이 있다는 말이 있지만, 실제로 사포닌이 가장 많이 들어 있는
식물은 콩이다. 날콩을 먹으면 콜레스테롤이 줄어들 뿐만 아니
라, 당뇨병 등 모든 병에 효력이 좋다. 또한 콩은 주식으로서 콩
만 먹어도 건강을 유지할 수 있지만 인삼만을 먹고는 건강을 유
지할 수도, 살아갈 수도 없다.

이처럼 우리가 강장식품이라고 생각한 것들은 정확한 검증이
안 되어 있음에도 불구하고 과신을 하고 있다. 더욱이 강장식품
을 정력제로 생각해서 먹는 것은 더 큰 문제가 있다. 정력제는
말 그대로 심신의 활동력을 돋우어 주는 약, 또는 성적 능력을
돋우어 주는 약을 말하고, 강장식품은 몸을 건강하게 하고 활력
을 높이는 식품이기 때문이다.

물론 강장식품이 몸을 건강하게 하고 활력을 높여 정력에 도움
이 될 수는 있어도 정력을 높이는 것이 목적이 될 수는 없다. 단
백질은 정력제만큼 커다란 효능도 없으며, 너무 과신하게 되면
오히려 자신의 건강을 잃을 수 있음을 잊어서는 안 된다.

발기부전 치료제 중에서 가장 대명사로 알려진 비아그라에 대해서도 정확히 알고 복용해야 한다. 원래 비아그라는 미국의 제약회사 화이자에서 고혈압 치료제로 만든 약이다.

비아그라는 혈관을 확장하여 피를 잘 통하게 하려는 의도로 개발된 것이었다. 그러나 임상시험 과정에서 심장에서 멀리 떨어져 있는 팔과 다리 등 몸의 말단에서 혈액을 운반하는 말초혈관에서 혈액이 빠져나가는 것을 막아 남성 발기에도 탁월한 효과가 있는 것으로 밝혀져, 목적을 바꿔 발기부전 치료제로 쓰이게 되었다. 1998년 3월 27일 미국 식약처로부터 '비아그라'라는 브랜드명의 발기부전 치료제로 정식 신약 허가를 받았다.

비아그라는 남성이 성적으로 흥분할 때 생성되는 화학물질의 분비를 돕는 동시에 발기저해 물질을 분해해 주고, 말초혈관에서 혈액이 빠져나가는 것을 막아 줌으로써 발기를 돕는다.

이러한 비아그라의 효능이 알려지면서 고산병에도 효과가 있는 것으로 알려져 있다. 고산병은 폐로 가는 동맥의 혈압이 높아지면서 호흡이 가빠지는 증상인데, 이때 비아그라가 폐 말초기관에 충분한 피를 공급하면서 혈압을 낮춰 줄 수 있기 때문에 고산병으로 고생하는 등반객에게 즉효약으로 알려져 있다.

실제로 비아그라를 복용하면 발기 지속 시간이 4~5시간이나 되며, 심하게는 잠을 잘 때도 발기를 경험한 사람이 있다고 한다. 이렇다 보니 비아그라가 성관계를 가질 때 발기가 잘 안되던 사람들에게 매우 도움이 된다는 사실이 알려지면서 노인들에게 인기 있는 약으로 자리 잡게 되었다. 급기야는 써 본 사람은 쉽게 끊을 수 없는 약이 되었고, 성행위를 할 때 꼭 필요한 약으로 사람들에게 소문이 났다.

비아그라가 인기를 끌면서 비아그라의 효능을 닮은 복제약들이 무수하게 출시되고 있다. 우리나라에서는 한미약품의 팔팔정, 종근당의 센글라정, 센돔정, 센돔필름, CJ제일제당의 헤라크라, 비씨월드제약 스그라, 동광제약의 자하자, 일양약품의 오르맥스, 하나제약의 세지그라, 코오롱제약의 오르거라 등을 츄잉형, 필름형, 가루약 등 독특한 제형과 저렴한 가격으로 출시하고 있다.

외국에서는 나라마다 더 많은 비아그라 복제약이 만들어져서 판매되고 있다. 비아그라를 약국에서 팔지 않고, 의사의 처방에 의해서만 받을 수 있다는 것 때문에 밀수된 외국의 저렴한 비아그라 복제약들이 길거리에서 버젓이 팔리고 있으며, 외국 여행을 갔다가 호기심으로 사 오는 경우가 많다. 이러다 보니 비아그라 복제약을 우리 주변에서 쉽게 구할 수 있는데, 그로 인한 부작용도 많이 발생하고 있다.

비아그라가 발기부전에 효과가 있는 것은 널리 알려져 있지만, 부작용도 만만치 않다. 비아그라 복용자 중 약 2.5%에서 안면 부종, 오한, 무력감, 알레르기 등의 가벼운 부작용이 나타났다. 드물게 심장혈관계, 소화계, 근골격계, 신경계 등에 부작용이 나타나기도 했다.

비아그라의 가장 큰 부작용은 원래 목적대로 심장박동이 빨라지고 혈압이 올라가며 두통, 울렁거림, 가슴 두근거림 같은 현상이 나타난다는 것이다. 실제로 복용자 77%가 혈압 상승 등을 경험하였으며, 이로 인해 가끔 사망 사고가 발생하기도 한다. 이때문에 미국식품의약국(FDA)은 비아그라를 전문의 처방에 의해서만 판매하도록 규정하고 있다.

의사와 상담 후 처방받지 않고 무분별하게 복용함으로 인해서 지병이 있는 노인들에게 치명적인 상황이 벌어지기도 한다. 실제로 발기부전 치료제는 하루 최대 투여량(100㎎)을 넘겨 과다 복용할 경우, 노인이나 심장이 안 좋은 사람은 뇌혈관계 출혈이나 저혈압성 심장 쇼크로 목숨까지 잃을 수 있다고 식약처는 설명하고 있다.

발기부전 치료제가 발기에 효과가 있다는 사실로 인하여 오남

용도 현저히 증가하고 있으며, 검증되지 않은 비아그라 비슷한 약제들이 복제되어 무차별적으로 복용되고 있다. 유명한 제약사에서 직접 만든 제품이라고 하더라도 안전성은 담보할 수 없는데, 복제된 약제를 복용한다는 것은 자신의 건강을 위협하는 일이다.

실제로 품질 관리 수준이 낮은 국가에서 비아그라 복제약이 출시했지만, 성분·함량이 고르지 못해 논란이 일기도 했다. 유효 성분을 적정량 이상 과다 섭취하면 치명적인 부작용 위험에 빠질 수 있다. 따라서 아무리 좋은 발기부전 치료제라도 자신의 체질과 맞는 것을 전문의 처방에 의해서 복용하는 것이 가장 중요하다.

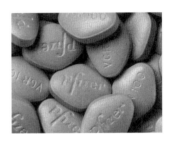

| ❸ 장수를 위한 안티에이징 |

지금까지의 연구 결과에 의하면, 노화는 한번 진행되면 멈추거나 다시 돌이킬 수 없다. 그러나 사람의 욕심으로 젊음을 유지하기 위하여 노화를 예방하고 멈추려는 방법들이 개발되고 있다.

이에 따라 각종 노화를 막기 위한 안티에이징(Anti Ageing) 산업이 활성화되고 있다. 안티에이징(anti-aging)의 뜻은 '반대'라는 뜻의 'anti'와 '노화'라는 뜻의 'aging'의 합성어로 '노화 방지' 또는 '항노화'의 뜻을 갖고 있다. 넓게는 노화 방지용 화장품류를 말하기도 한다.

인간은 옛날부터 무병장수를 꿈꾸어 왔기 때문에 가능한 생물학적인 노화를 연기시키고, 나이가 들어서도 젊게 보이려는 욕구가 있다. 이러한 욕구를 해결하기 위해서 안티에이징(anti-aging)은 인간의 생명을 연장하고 노화를 방지하는 것을 목표로 한다.

안티에이징은 1990년 미국에서 장수의학(Longevity Medicine)과 함께 시작된 새로운 의학 분야이다. 안티에이징 치료법은 노화의 원인들을 해결할 수 있는 치료 방법이다.

노화 원인에 관한 학설로는 마모 이론(Wear&tear theory), 신경호르몬 이론(Neuro-Endocrine theory), 활성산소이론(Free Radical Theory), 텔로머레이즈 이론(Telomerase Theory), 유전자 장애설 등 많은 학설이 존재한다.

이러한 노화 원인을 해결하기 위하여 노화를 방지하기 위한 생활 방식, 호르몬 분비 감소에 의한 호르몬 보충 요법, 활성산소가 부족하여 노폐물이 축적되는 것을 막기 위한 항산화 물질 보충 요법, 면역 기능이 떨어지는 것에 대한 면역 강화 요법 등이 주목을 받고 있다.

안티에이징이 처음 나올 때만 해도 치매나 기억력 훈련 같은 노화질환의 치료를 위해서 시작하였으나 현재는 호르몬 치료, 식습관, 운동, 생활 방식, 피부 미용, 성형, 정신 건강의 분야에 까지 다양하게 적용되고 있다. 따라서 안티에이징은 의학적으로는 내과, 정형외과, 안과, 피부과 등 의학 분야 외에도 영양학, 대체식량 산업, 화장품 산업 등을 포함하고 있다.

안티에이징 치료 방법은 다양하다. 안티에이징 치료를 위해서는 먼저 안티에이징 검사를 통해서 사람이 가지고 있는 체질에 맞는 치료 방법이 적용되어야 한다. 사람마다 노화의 진행 정도와 노화의 원인 중 가장 영향을 받는 원인이 다르기 때문이다. 정확한 근거가 있어야 다양한 사람의 체질에 맞는 치료를 할 수 있는 것이다.

안티에이징 검사 항목은 몸과 장기의 상태, 노화의 진행 정도, 질병의 진행 정도, 건강 상태 등을 종합적으로 판단하기 위하여 다음과 같은 검사가 포함된다.

☑ 전반적인 신체의 건강 상태 검사
☑ 피부 탄력성 검사
☑ 흉부엑스선 검사
☑ 심전도 검사

☑ 비만도 검사

☑ 신체 나이 측정 검사

☑ 시각 능력 검사 및 안저, 안압 검사

☑ 청각 능력 검사

☑ 미각 능력 검사

☑ 후각 능력 검사

☑ 혈액 건강도 검사 및 동맥경화 검사

☑ 위내시경 혹은 위장 촬영 검사

☑ 대장 내시경 혹은 대장 촬영 검사

☑ 각종 소화기 질환 및 암을 위한 복부 초음파 검사

☑ 각종 암 표지자 검사(CEA, PSA, CA125, AFP)

☑ 골다공증의 선별 검사

☑ 호르몬 측정(IGF1, L-dopa stimulation test, FSH, E2, Testosterone, SHBG, DHEAS, T3, FT4, TSH) 검사

☑ 산화스트레스 측정

☑ 부인과 질환 및 골반 초음파 검사

☑ 전립선 질환 및 전립선 초음파 검사

☑ 자궁경부암 검사

☑ 유방 촬영 및 초음파 검사

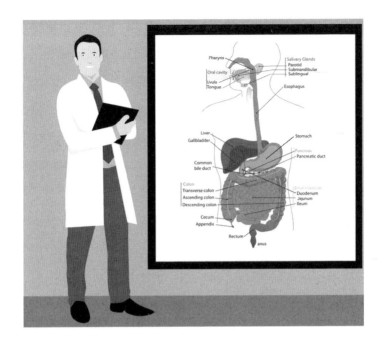

| ❹ 노인 성(性) 인식 개선 사업 |

　평균 수명이 연장되고 베이비부머 세대가 노년층에 진입하면서 성문화도 변화되고 있지만, 노인의 성 관련 지식이 다른 연령대에 비해 부족하여 위험에 노출, 사각지대에 놓인 노인 성 문제가 지속적으로 발생되고 있다. 이에 따라 경기도에서는 2016년 건전한 노년기 성문화 조성을 목적으로 노인 성 인식 개선 사업을 실시, 2017년 지원 조례를 제정하고, 2018년부터 경기도 31

개 시·군으로 확대 운영하고 있다.

노인 성 인식 개선 사업은 성에 대한 노인 스스로의 이해 및 노년기의 성에 대한 긍정적인 인식 확산을 목표로, 노년기의 성생활, 성 욕구 등 전반적인 성에 대한 올바른 지식과 정보를 제공하여, 노인이 건강하고 안전한 노년기의 성생활을 할 수 있도록 지원하는 프로그램이다.

거점센터 1개소와 31개의 시·군 사업 수행기관으로 구성되어 있는데, 경기도 노인 성인식 개선사업 거점센터에서는 수행기관 업무 지원, 전문 인력의 인프라 구축 및 확대, 홍보 및 출판, 네트워크 구축 및 운영 등의 업무를 진행한다.

31개의 수행기관은 모두 노인복지관 내에 설치되어 있으며, 비상근 1명이 업무를 담당하고 있다. 주요 사업 내용으로 노인복지관, 경로당, 노인교실 등 노인이용시설 어르신을 대상으로 하는 '찾아가는 노인 성교육'과 개인 성상담, 홀몸 어르신 및 노인 부부를 대상으로 진행하는 집단프로그램, 노인 성인식 개선 캠페인 등이 실시되고 있다. 노인 성교육에서는 노년기 건강한 의사소통, 성과 사회, 이성교제와 재혼, 성 변화와 성 건강 등에 대한 교육이 진행된다.

31개 시군별 경기도 노인 성인식 개선사업 수행 기관은 다음과 같다.

행복한 노후를 위한 노인의 성

- 수원시(밤밭노인복지관)
- 고양시(고양시대화노인종합복지관)
- 성남시(중원노인종합복지관)
- 용인시(용인시처인노인복지관)
- 부천시(부천시오정노인복지관)
- 안산시(동산노인복지관)
- 남양주시(남양주시노인복지관)
- 안양시(안양시노인종합복지관)
- 화성시(화성시서부노인복지관)
- 평택시(백세인생지원센터 평택)
- 의정부시(신곡노인종합복지관)
- 시흥시(시흥시노인종합복지관)
- 파주시(파주시노인복지관)
- 김포시(김포시북부노인복지관)
- 광명시(소하노인종합복지관)
- 광주시(광주시노인종합복지관)

- 군포시(군포시노인복지관)
- 오산시(오산노인종합복지관)
- 이천시(이천시노인종합복지관)
- 양주시(양주시 회천노인복지관)
- 안성시(안성시노인복지관)
- 구리시(구리시노인상담센터)
- 포천시(포천시노인복지관)
- 의왕시(의왕시사랑채노인복지관)
- 하남시(하남YWCA부설성폭력상담소)
- 여주시(여주시노인복지관)
- 양평군(양평군노인복지관)
- 동두천시(동두천시노인복지관)
- 과천시(과천시노인복지관)
- 가평군(가평군노인복지관)
- 연천군(연천군노인복지관)

__ 자료 : 경기도 노인 성인식 개선사업 거점센터 사업계획서, 2019.

경기도의회에서는 경기도와 함께 성 인식 개선뿐만 아니라 어르신들의 특성을 고려한 다양한 노인복지사업을 지속적으로 발굴 확대해 도민들의 복지 향상을 위해 최선을 다하겠다고 선언한 바 있다.

노인들의 건강한 성, 올바른 성생활을 위한 장을 마련히고 노인 성 문제 예방과 의식 전환을 위해 많은 노인들이 관심을 갖고 참여하길 바란다.

- 권명숙(2002), 노인의 성에 대한 탐색적 연구, 연세대학교 대학원 박사학위논문.

- 권중돈(2012), 노인복지론 제판, 학지사.

- 권혁창 · 이은영(2012), 국민연금 수급이 고령자의 삶의 만족도에 미치는 영향에 관한 연구, 사회복지연구.

- 고민석 · 서인균(2011), 노인의 건강상태가 스트레스와 우울에 미치는 영향과 사회적 조절효과 대한보건연구.

- 고용노동부(2016), 고령자 고용현황, 통계자료.

- 국민연금공단(2016), 노후 준비 종합진단결과, 통계자료.

- 김나연 · 김성희 · 정은하(2007), 남성노인의 은퇴 후 삶의 과정에 대한 근거이론 접근, 한국가족복지학.

- 김미혜(2004), 노인대학의 이해. 노인상담센터, 사회복지공동모금회.

- 김두섭(2001), 변화하는 노인의 삶과 노인복지, 한양대학교출판부.

- 김연미(2003), HIV/AIDS 감염인의 삶의 과정: 근거이론 연구 접근, 이화여자대학교대학원 박사학위논문

- 김재호(2014), 노후준비지원정책의 필요성과 방향, 한국보건사회 연구원.

- 김춘남 외(2020), 경기도 노인 성인식 개선사업 개선방안 연구, 경기복지재단.

- 나동석, 김영대(2011), 노인의 성생활과 성태도가 삶의 만족도에 미치는 영향, 노인 복지연구.

- 나임순(2004), 노인전문 성 상담 교육프로그램 개발에 관한 연구, 진각사회복지.

- 나임순(2005), 고령화 사회의 노인 성문제와 대안에 관한 연구, 임상사회사업연구.

- 노년교육연구회(2012), 은퇴수업, 학지사.

- 노병일 · 모선희(2007), 사회적 지지수준과 차원이 노인 우울에 미치는 영향, 한국노년학.

- 대한상공회의소(2010), 국내 실버산업의 성장성 전망, 대한상공회의소.

- 데릭 밀른, 윤영선 역(2016), 은퇴의 심리학 : 퇴직 후의 삶을 위한 행복 레시피, 눈.

- 로레타 나폴레오니, 황혜숙 역(2009), 적과의 동침, 웅진 윙스.

- 대한상공회의소(2015), 실버산업 연평균 성장률 전망.

- 매일일보, 2020년 05월 14일, 김원기 경기도부의장 '노인 성인식 개선사업' 정책 마련해야, 강세근 기자.

행복한 노후를 위한 노인의 성

- 문화일보, 2017년 03월 07일, 노인 인권침해와 병든 사회, 김상엽 기자.

- 박상철(2010), 생명의 미학, 생각의 나무.

- 박성희(2008), 생애사 연구와 노인교육의 의의, 노년교육연구회 추계학술대회.

- 박현식(2012), 베이비부머의 노후준비와 성공적 노후관계 연구, 한국노인복지학회.

- 송노원(2007), 노년기 성생활이 삶의 질에 미치는 영향, 광운대학교 대학원박사학위논문.

- 손정현(2017), 은퇴경영, 도서출판 대경.

- 박성희(2014), 노후설계 전문가, 핸드북.

- 배문조(2011), 중년기의 성공적 노후생활에 대한 인식 및 노후생활 준비의식이 노후생활 준비행동에 미치는 영향, 한국가족관계학회지.

- 법원행정처(2016), 사법연감, 법원행정처

- 보건복지가족부(2008), 노인실태보고서.

- 보건복지가족부(2008), 노인보건복지사업안내.

- 보건복지부(2013), 노인복지시설 현황.

- 보건사회연구원(2011), 노인실태조사.

- 보건사회연구원(2014), 노인실태조사.

- 서울시(2015), 서울시민 여가문화 생활통계, 서울시.

- 서울시(2016), 통계로 본 서울 혼인 · 이혼 및 가치관, 서울시.

- 성미애(2012), 은퇴 후 생활만족도 변화에 관한 단기 종단적 분석, 가족과 문화.

- 신수민(2013), 과거 노후준비가 노년기의 활동성에 미치는 영향: 심리사회적 자원의 매개효과, 사회보장연구.

- 안태윤(2012), 노인의 성문제 해결방안은 무엇인가, 경기도가족여성연구원.

- 여성가족부(2013), 청소년통계.

- 유성호, 김혜경(2003), 60대 사별여성노인의 성에 관한 고찰, 고령화 사회와 노인복지

- 유시민(2013), 어떻게 살 것인가, 생각의 길.

- 윤진(1985), 성인노인심리학, 중앙적성출판.

- 이소정(2008), 성공적인 제3기 인생준비를 위한 사회적 기반조성, 한국보건사회연구원 · 보건복지가족부.

- 이신숙(1997), 노인의 성역할 태도와 부부 적응에 관한 연구, 한국노년학.

- 이승신(2012), 고령자의 노후준비에 따른 삶의 만족도에 대한 연구, 소비문화연구.

- 이윤경(2005), 노인학대 대응정책의 현황과 과제, 보건복지포럼 9월호.

- 이윤경외(2012), 노인여가 복지서비스 발전방안 연구, 보건복지부 한국보건사회연구원.

- 이윤경(2013), 경제적 노후준비 실태 및 정책과제, 보건복지포럼.

- 안창일외(2010), 임상 심리학, 시그마프레스.

- 재정경제부(2011), OECD 한국경제보고서, 재정경제부.

- 전도근(2009), 100세 쇼크, 북포스.

- 전병주(2014), 남성 노인의 성 대처행동이 생활만족도에 미치는 영향, 사회과학연구.

- 조임현(2011), 노인의 성 인식에 관한 탐색적 연구, 한국노인복지학회.

- 정주원·조소연(2013), 주관적 노후인식이 60대 중고령자 우울에 미치는 영향 연구, 보건사회연구.

- 중앙일보, 2016.07.11, 노후 30년 즐겁게 보내려면 안전벨트 단단히 매라, 김동호의 반퇴의 정석

- 청주시청(2017), 경로당에서 주로 하는 활동 통계 자료, 청주시청.

- 커리어(2013), 직장인 노후설계, 통계자료.

- 통계개발원 사회 통계실(2016), 노인자살의 현황과 원인분석.

- 통계청(2006), 통계자료.

- 통계청(2015), 이혼 통계.

- 통계청(2013), 2012년 노후준비 실태조사.

- 통계청(2015), 노인통계, 통계자료.

- 통계청(2016), 노인통계, 통계자료.

- 통계청(2016), 노인자살률, 통계자료.

- 통계청(2016), 2017년 가계금융 · 복지조사, 통계자료.

- 통계청(2017), 장래가구 추계, 통계자료.

- 통계청 · 금감원 · 한국은행(2016), 2016년 가계금융 복지조사 결과.

- 한국갤럽(2011년), 노후의 직업의식 조사

- 한국보건사회연구원(2011), 인생 100세 시대 국민인식 조사결과, 한국보건사회연구원.

- 한국보건사회연구원(2014), 우리나라 노인실태, 한국보건사회연구원.

- 한국노인인력개발원(2011), 100세 시대 대비 노인사회참여 활성화 포럼.

- 한국노인인력개발원(2013), (2012) 노인일자리 통계현황.

- 한국보건사회연구원(2013), 노후준비 지원정책의 필요성과 방향, 한국보건사회연구원.

- 한국보건사회연구원(2016), 여가활용법, 한국보건사회연구원.

- 현외성 · 조추용외(1988), 노인상담이론과 실제, 학지사.

- OECD(2015), 노인 빈곤율.

- OECD(2015), 노인 자살률.

- 공무원연금관리공단 http://www.gepco.or.kr

- 국민연금공단 www.nps.or.kr

- 금융감독원 www.fee.or.kr

- 대한상공회의소 www.korcham.net

- 대한안티에이징의학회 http://antiagingmedicine.kr/antiaging/concept.htm

- 보건복지부 www.mohw.go.kr

- 한국보건사회연구원 www.kihasa.re.kr

- 행정자치부 http://www.mogaha.go.kr